DU

BLANCHISSAGE DES TOILES

ET DE

LA CULTURE DU LIN,

TRADUIT DE L'ALLEMAND

du docteur Breunlein.

PARIS,
LIBRAIRIE DE L. BOUCHARD-HUZARD,
7, RUE DE L'ÉPERON.

—

1840.

BLANCHISSAGE DES TOILES

ET

CULTURE DU LIN.

IMPRIMERIE DE L. BOUCHARD-HUZARD, RUE DE L'ÉPERON, 7.

DU

BLANCHISSAGE DES TOILES

ET DE

LA CULTURE DU LIN,

TRADUIT DE L'ALLEMAND

du docteur Breunlein.

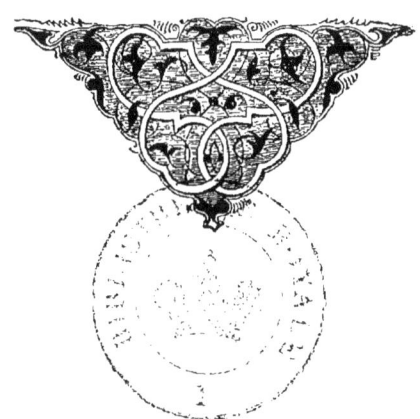

PARIS,
LIBRAIRIE DE L. BOUCHARD-HUZARD,
7, RUE DE L'ÉPERON.

1840.

CULTURE DU LIN

ET MANIÈRE LA PLUS AVANTAGEUSE

DE PROCÉDER

A SA PRÉPARATION,

PAR M. REDEN.

La toile, sortie brute des mains de l'ouvrier, n'est propre à aucun usage, à l'exception, cependant, des toiles tout à fait communes, qui sont en petit nombre. On ne peut, en effet, se servir des toiles que lorsqu'elles ont passé par la blanchisserie; car, qu'elles soient employées au confectionnement des pièces d'habillement les plus indispensables, ou aux objets du luxe le plus recherché, jusqu'à ce que leurs lambeaux soient employés à la fabrication du papier, elles doivent toujours avoir subi un blanchissage antérieur.

C'est par cette opération que la toile reçoit son dernier degré de perfection, et c'est de son plus ou moins de réussite que dépend aussi une partie de la valeur des toiles.

Dans l'origine, on laissait aux ménagères le

soin de blanchir les toiles, et actuellement on trouve encore dans notre patrie une quantité de femmes qui blanchissent elles-mêmes, sur leur gazon ou à la blanchisserie communale, la toile filée pour la consommation de la famille et même celle destinée à la vente.

Mais le mode qu'elles emploient, quoique fort simple, n'agit que faiblement sur les tissus et ne leur donne qu'une blancheur incomplète.

Enfin il existe encore des blanchisseries où cette opération, menée en grand et possédant tous les arrangements intérieurs nécessaires, blanchit toutes les toiles propres au commerce intérieur, ainsi que celles destinées au commerce en gros : par cette opération, les toiles les plus communes obtiennent un apprêt qui en facilite la vente.

Nous ne parlerons pourtant point, dans ce petit ouvrage, de ces vastes établissements; notre intention est seulement de fournir quelques instructions précieuses aux femmes de ménage ou aux possesseurs de petites blanchisseries.

Qu'entend-on par blanchissage ?

1. On entend, par là, enlever à un corps du règne animal ou végétal la couleur naturelle de ce corps et le rendre plus ou moins blanc au moyen de certaines matières. Les modes d'application varient selon la nature de la matière qu'on

emploie, d'après la qualité de l'étoffe qu'on veut blanchir et selon les localités.

La destruction de la couleur des matières qu'on veut blanchir a lieu, soit par l'effet de l'air et de la lumière du soleil, soit par le chlore, soit enfin par l'acide sulfureux; tels sont les trois moyens usités dans l'industrie que nous traitons.

L'emploi de l'acide sulfureux consiste à brûler du soufre dans des chambres destinées à cet usage (*schwefelkammern*) et où l'on apporte l'étoffe que l'on veut blanchir. Ce moyen est le plus propre au blanchissage des étoffes animales, telles que soie, laine, plumes, etc.; mais, comme il n'a que peu d'influence sur les étoffes de lin et de chanvre, nous nous occuperons seulement des deux premières méthodes.

2. Le blanchissage par l'emploi de l'air et de la lumière du soleil est la méthode la plus ancienne et la plus généralement employée; elle est, à la vérité, la plus lente, mais aussi elle est celle qui compromet le moins la solidité de l'étoffe. Le mode d'application consiste à étendre en plein air l'étoffe que l'on veut blanchir et à laisser à l'air et à la lumière du soleil le soin d'effectuer ce changement. Comme on se sert généralement, à cet effet, d'une pelouse de gazon, on appelle cette méthode le blanchissage par le gazon (*la rasenbleiche*); on la nomme aussi le blanchis-

sage par le soleil (*sonnenbleiche*), et, quelquefois à tort, blanchissage naturel, afin de distinguer ce dernier du blanchissage artificiel ou par le chlore.

Cette dernière substance, le chlore, est un corps gazeux doué de qualités si remarquables, que, quoique n'en connaissant pas l'usage aux petites blanchisseries de toiles, je crois devoir cependant lui consacrer quelques lignes.

Le sel que nous connaissons tous, autrement dit sel de cuisine, est formé, dans sa plus grande moitié, de chlore. Effectivement, 29 onces de ce sel contiennent 17 onces 1/2 de chlore; ces parties se trouvent liées par 11 onces 1/2 d'un autre corps appelé sodium. Maintenant, lorsqu'on veut extraire le chlore pur, on mêle, dans de certaines proportions, le sel de cuisine avec du manganèse, de l'acide sulfureux et de l'eau. On fait chauffer lentement le tout; et le corps se dégage sous la forme d'un jaune vert dont l'odeur est tellement forte et pénétrante qu'elle est en état de provoquer la toux, le crachement de sang et même la phthisie.

Mais, combiné avec la chaux, le chlore n'attaque plus les poumons et perd même sous plusieurs rapports, plusieurs propriétés salutaires. Ainsi, par exemple, il purifie les étoffes infectées du germe de maladies contagieuses, nettoie les tonneaux, fait germer d'anciennes graines, etc. L'effet du chlore sur le blanchissage s'étend sur presque toutes les couleurs animales et végétales; il a, en outre, l'avantage d'agir promptement et avec plus ou moins de force sur les couleurs que l'on veut détruire.

Les blanchisseries au moyen du chlore prennent le nom de prairies artificielles ou blanchisseries chimiques ; elles ne sont point aussi généralement applicables que les blanchisseries par le gazon, parce que la rapidité avec laquelle elles détruisent les matières colorantes ôte à l'étoffe que l'on veut blanchir une partie de son *serré* et de sa solidité, chose qui arrive bien moins par l'emploi du blanchissage par le gazon.

Cet effet destructif du chlore agit plus particulièrement sur les étoffes de lin et de chanvre que sur celles de coton, quoique cette dernière matière soit, comme on sait, beaucoup moins tenace que les premières. Une des raisons qui font que l'emploi du chlore altère souvent d'une manière sensible la solidité du tissu est que les fils de toile écrue, possédant une couleur naturelle fortement prononcée, nécessitent souvent un second blanchissage par le chlore.

A l'état naturel, les filaments de chanvre sont d'une couleur blonde. En rouissant le chanvre, opération qui se fait pour dégager les filaments des molécules de bois et d'écorce des tiges, la couleur devient plus apparente, parce que la décomposition des molécules de l'écorce (ces molécules sont vertes) forme une substance colorante qui se combine avec les filaments.

C'est ce qui fait que le lin qui n'a pas subi l'opération du *rouissage* est beaucoup plus clair que celui traité par l'eau ou par la rosée, et que même cette couleur claire peut encore disparaître par le lavage au savon de manière à ce que les filaments deviennent passablement blancs.

Le coton, au contraire, est recouvert, à l'état naturel, d'une matière qui le recouvre comme un vernis et cache la blancheur éclatante des filaments; cependant il suffit d'un simple lavage pour dégager les filaments de leur enveloppe, et d'un mode de blanchissage fort simple pour leur donner le plus bel éclat et la blancheur la plus parfaite.

Cette grande différence dans les propriétés des étoffes de toile et de celles de coton ne nous autorise cependant à recommander, pour les premières, le blanchissage par le chlore, autant que nous chercherons à dissuader de son emploi pour le coton. Il serait imprudent d'exiger, dans les tissus fil et coton, que les fils de lin fussent aussi blancs que ceux de coton. Il faudrait, en effet, l'emploi d'une force vingt fois plus forte pour amener les deux matières au même degré de blancheur, sans compter que ces opérations réitérées affaibliraient beaucoup trop les fils de coton.

Maintenant, malgré les louanges prodiguées au blanchissage par le chlore, nous dirons que son application aux toiles ordinaires est, sous plusieurs rapports, aussi coûteux que dangereux, surtout dans les blanchisseries de ménage, où il est impossible de donner à cet emploi toute l'attention qui lui est nécessaire. Nous nous tiendrons donc aux modes anciens, qui sont en même temps les plus sûrs et les moins coûteux, c'est-à-dire au blanchissage par le gazon ; nous rechercherons seulement la manière la plus avantageuse de s'en servir.

En comparant les diverses méthodes de blanchissage usitées dans les pays réputés pour la fabrication des toiles, on s'étonnera de la variété des modes de blanchissage par le gazon, et on ne pourra croire qu'ils soient tous en état de livrer également des toiles parfaites, bonnes, belles et blanches ; et cependant cette opinion existe, elle est fondée sur l'ancienne réputation de ces toiles. Mais comme tous ces moyens sont plus ou moins dangereux ou longs, plus ou moins commodes ou pénibles, plus ou moins simples ou coûteux, le choix de l'un de ces moyens ne peut être indifférent.

Le but de chaque entreprise doit être le plus haut degré de perfection avec le moins de frais possible. On réussit d'autant mieux qu'on approche davantage de ce but.

Ainsi le meilleur mode de blanchissage est celui qui ôte le moins à la toile de sa solidité, tout en lui donnant le plus haut degré de blancheur et en consommant le moins de temps, de matières et de bras.

Il n'est pas aussi facile qu'on le croirait, au premier abord, de savoir choisir le mode le plus convenable; et l'expérience apprend que, précisément, le moyen par lequel on atteint un but nuit à un autre, et que des circonstances à peine remarquables produisent des résultats tout à fait inattendues.

Ainsi, par exemple, en employant la lessive devenue caustique par le mélange de la chaux, si l'on gagne beaucoup de temps dans le blanchissage, d'un autre côté la toile perd en solidité.

La toile écrue conserve sa couleur en plein air, tant que l'on empêche l'effet de la lumière; elle perd, au contraire, peu à peu de sa couleur, si on l'expose sèche en plein air à l'action du soleil.

En plongeant la toile dans une quantité d'eau suffisante, le contact de l'air et de la chaleur engendre une fermentation qui finit par amener la pourriture; mais si, avant d'atteindre ce dernier degré, on a soin de laver et de sécher la toile, cette dernière prend une couleur plus claire, devient, la plupart du temps, de 10 0/0 plus légère, sans rien perdre, toutefois, d'une manière sensible de sa solidité : en laissant, au contraire, la fermentation atteindre sa dernière période, la toile se corrompt.

La toile se décolore et devient plus blanche en l'humectant avec de l'eau et en l'exposant à l'action de l'air et de la lumière.

Elle devient même tout à fait blanche en renouvelant l'arrosement pendant trois ou quatre mois et chaque fois après l'avoir laissée sécher.

Ce résultat s'obtient plus promptement si, au lieu d'eau, on se sert de lessive, et en employant ce moyen avec de certaines précautions avant d'avoir étendu la toile au soleil. En effet, si la lessive s'attache à la toile lavée avant l'exposition, l'effet du blanchissage est beaucoup moins favorable. La lessive opère une action dissolvante sur la matière colorante de la toile et toujours avec une nouvelle force, chaque fois que l'étoffe est soumise à l'action de l'air, de l'eau et de la lumière.

La décoloration a lieu au soleil, surtout au moment du séchement : c'est pourquoi l'arrosement de la toile est avantageux, tant qu'elle contient encore quelques parties de lessive; car, sans l'influence du soleil, du kali et de l'eau, il est impossible de donner une blancheur parfaite à la toile.

La lessive faible n'agit que sur la matière colorante; mais, si elle est forte, son action est délétère sur les filaments.

La lessive mêlée avec de la chaux agit très-fortement sur la matière colorante, mais en même temps d'une manière délétère sur le tissu.

En faisant bouillir la toile dans la lessive, cette dernière, si elle n'est pas trop mordante, perd de ses qualités salines et prend une couleur foncée, parce qu'elle dissout les matières colorantes de la toile.

La moitié de la lessive s'imprègne dans la toile, qui ordinairement est ainsi apportée sur la place de blanchissage, où on réitère l'arrosement avec de l'eau pure.

Le savon enlève, à la vérité, à la toile les matières impures attachées à sa surface, lui donne même de la souplesse; mais elle n'a pas d'autre effet.

Afin d'enlever complétement toutes les matières impures attachées à la toile, elle doit être traitée de temps en temps dans un fouloir, ou bien continuellement baignée dans l'eau courante, où on la retourne et la frotte avec les mains; elle est ensuite foulée et battue avec les pieds, avec des fléaux.

Dans le blanchissage le plus parfait, la toile perd toujours quelque peu de sa solidité et 20 0/0 de son poids. Nous ferons cependant observer que les sortes les plus communes reçoivent une perte de poids plus forte que les qualités supérieures.

BLANCHISSAGE SUR LE GAZON.

Pour blanchir de la manière la plus simple, il est nécessaire d'avoir à sa disposition une prairie, de l'eau, de la cendre de bois, de la potasse, quelques instruments et tout ce qu'il faut pour faire du feu; ces moyens possédant des qualités qui ont une grande influence sur le blanchissage, nous leur consacrerons quelques lignes.

La place de gazon ou la prairie sur laquelle on veut étendre et arroser la toile ne doit être ni marécageuse ni exposée aux inondations. Il faut que le terrain soit sec et, autant que possible, situé vers le nord ou le nord-ouest, afin de recevoir progressivement la lumière du soleil.

Il faut, autant que possible, choisir un emplacement où l'on puisse facilement puiser de l'eau pour l'arrosage. Pour économiser du temps et pour plus de sûreté, l'emplacement doit être près des ateliers de blanchissage et de la maison des employés.

Le gazon court, fin et épais est le plus propre à étendre la toile. On doit éviter d'étendre sur les gazons gras, parce que les taches qui en résultent sur la toile sont difficiles à enlever.

Plusieurs personnes prétendent que le voisinage des ruches d'abeilles peut être nuisible en ce qu'elles causent souvent des taches de cire sur les toiles; quoique nous n'en ayons jamais vu, cette opinion mérite cependant quelque considération; il faut, en tout cas, éloigner la volaille des blanchisseries et détruire les colimaçons, ces deux espèces d'animaux salissant fréquemment la toile. Les souris et les lézards doivent être aussi l'objet d'une surveillance particulière. Enfin on doit éviter, tant que l'on peut, le voisinage des grandes routes, à cause de la poussière, et celui des habitations à cause de la suie, de la cendre, etc.

L'EAU.

L'eau dont on se sert pour amollir et arroser la toile doit être pure et douce; dans aucun cas, elle ne doit contenir de matières ferrugineuses, qui, au lieu de blanchir la toile, lui donneraient une couleur de rouille. On doit éviter de se servir d'eau calcifère, quoique cette dernière soit souvent aimée des blanchisseurs, qui lui trouvent une apparence de grande solidité,

On reconnaît si l'eau est ferrugineuse lorsque son lit et ses bords sont couverts d'une couche ocreuse. La présence du plâtre et de la chaux se reconnaît en ce que, en les faisant bouillir, ils forment une croûte qui s'attache aux parois du vase. En outre, les légumes cuits dans cette eau ne deviennent jamais tendres.

Nous ferons observer que c'est une erreur de croire que les eaux les plus pures sortant de leurs sources sont préférables aux eaux des étangs ou des marais : ces dernières sont, au contraire, les plus convenables; mais on doit éviter de se servir de l'eau de pompe.

BOIS ET POTASSE.

La bonté des diverses espèces de cendres dépend de la quantité de kali qu'elles contiennent, de l'espèce de bois ou de buissons dont elles sont formées.

Ainsi la cendre de tourbe ne contient aucune trace de potasse. Les plantes ligneuses sont celles qui donnent la cendre la plus riche et en plus grande quantité : par la même raison, les buissons en donnent plus que les arbres, les feuilles plus que les branches, les branches plus que les troncs. Dans tous les essais qui ont été faits, l'absinthe est la plante qui fournit le plus de potasse. Effectivement, 500 onces de cendre d'absinthe donnent 374 onces de potasse.

    500 onces de buis donnent 36 onces de potasse.
    —   chêne   55 1/2
    —   pin   71
    —   hêtre   109 1/2

C'est donc une erreur de croire que plus le bois est dur, plus ses cendres renferment de potasse.

Plus les cendres sont blanches et meilleures elles sont.

Il faut, du reste, avant de se servir des cendres, les tamiser avec soin, afin d'en séparer les molécules de charbon ou autres matières étrangères.

La cendre de bois ne contient que très-peu de sel alcali et seulement dans la proportion de 1 à 6 0/0, selon qu'elle est plus ou moins brûlée. Celui qui ne récolte pas assez de cendre pour sa blanchisserie peut acheter de la cendre de bois, lorsque les meilleures sortes de potasse sont trop chères.

L'usage apprend à connaître, au toucher, si la cendre contient plus ou moins de potasse : dans les cas douteux, on y verse de l'eau, que l'on laisse ensuite écouler sur la main ; l'odeur grasse plus ou moins forte qu'elle laisse sur la peau décide de la quantité de kali qu'elle contient.

A cette occasion, je parlerai d'une erreur assez

fréquente et dont la rectification est assez importante pour le blanchissage.

Plusieurs personnes pensant que la dénomination de lessive grasse doit être prise à la lettre s'imaginent que la graisse que l'on sent au toucher fait, comme dans l'huile, partie de la lessive.

Cette opinion est fausse en ce que la lessive ne possède nullement la qualité conservatrice de l'huile, mais est, au contraire, mordante et corrosive.

De même que les mains les plus sales et les plus dures peuvent être rendues parfaitement propres par l'emploi d'une lessive très-forte, parce qu'en enlevant les parties extérieures de la peau elle enlève aussi les matières étrangères qui se trouvent à sa surface, ainsi le linge sale, ou les toiles que l'on veut blanchir, sont nettoyés et atteints d'autant plus dans la solidité de leurs tissus que la lessive (eau de lessive) est plus mordante.

Il est toujours prudent, lorsqu'on rassemble des cendres pour s'en servir plus tard, de tamiser d'abord cette cendre, de l'humecter ensuite et de renouveler enfin jusqu'à ce qu'elle se laisse facilement comprimer en pelotes.

On sait que la potasse n'est autre chose que de la cendre de lessive bouillie et ensuite calcinée.

On reconnaît la bonne potasse lorsqu'elle crie sous le couteau qu'on y enfonce. Elle est tantôt blanche, tantôt bleue, tantôt grise; elle doit piquer sur la langue et se liquider facilement à l'air.

Il est à regretter que la potasse soit souvent falsifiée dans le commerce, en la mélangeant avec du sel et souvent avec du sable, falsifications qui ne peuvent être vérifiées que par l'analyse chimique.

La soude est un alcali analogue à la potasse; elle nous est surtout connue par l'usage qu'on en fait dans les savonneries. Elle se trouve en grande quantité dans les lacs salins de Hongrie : on l'extrait aussi de plusieurs plantes marines, ainsi que des sels ordinaires (surtout dans le Wurtemberg); mais, comme les deux premières sortes sont trop chères à cause des frais de transport, nous considérerons seulement la dernière.

On fabrique chez nous deux sortes de soudes, la soude simple et la soude cristallisée blanche : la première possède une couleur grise inégale et un goût de soufre; cette dernière est la moins propre au blanchissage, parce que les parties de soufre qu'elle contient laissent souvent à la toile des taches jaunes très-difficiles à enlever.

La soude cristallisée est semblable au sel blanc; mais, si elle n'a point les défauts de l'autre, elle pèche encore par sa cherté.

La soude cristallisée, telle que nous la livre le commerce, contient le double d'eau cristallisée que de sel, et 71 onces 1/2 de soude cristallisée ne font pas plus d'effet que 34 onces 1/2 de potasse sèche. Il faut bien observer cette proportion afin de ne point se laisser induire en erreur par le bon marché apparent de la soude cristallisée.

Si l'on croit devoir employer avec avantage la soude cristallisée au lieu de la potasse, on verra que 143 livres de soude reviennent moins cher que 86 livres de bonne potasse, en supposant que cette dernière contienne $\frac{80}{100}$ d'acide carbonique. Lorsque la potasse est de très-mauvaise qualité et ne contient que $\frac{50}{100}$ d'acide carbonique, la proportion de soude à la potasse est de 143 à 138.

Comme dans toutes les blanchisseries bien organisées on examine soigneusement toutes les différentes sortes de cendres et de soude, et que les signes extérieurs par lesquels on juge de la bonté d'une cendre, de son contenu en kali, sont très-trompeurs, nous conseillerons d'avoir toujours recours à l'analyse.

Dans le cas où le blanchisseur ne serait pas en état de faire lui-même l'analyse chimique, il peut s'adresser au premier apothicaire, qui se fera un plaisir de lui être agréable et ne prendra pas, je l'espère, 99 0/0 pour sa complaisance.

La manière d'apprécier la quantité de kali contenue dans la potasse repose sur le principe de chimie suivant. Une quantité égale d'acides semblables demande aussi, pour leur saturation, une égale quantité de kali.

Lorsque, par des essais réitérés, on a fixé combien 100 grains de kali pur exigent (pour leur entière saturation) d'acide sulfureux combiné avec 4 parties d'eau, on pèse, dans une bouteille cachetée, la même quantité d'acide subtilisé.

Pour vérifier la potasse on en broie plusieurs morceaux, et, après en avoir pesé juste 200 grains, on verse le contenu de la bouteille dans un verre, dans lequel on met 10 fois autant d'eau que d'acide. Alors on trempe petit à petit la potasse prise dans l'acide, jusqu'à ce qu'en tournant le liquide on n'entende plus de bruit d'ébullition. Ces matières impures restent alors en grains au fond du verre, et le liquide devient clair; mais, s'il reste troublé et laisse au fond un résidu sablonneux, alors on est convaincu de la présence du gravier.

Dans ce cas, on prend ce qui n'a pas été employé des 200 grains déjà pris, et l'on trouve dans la potasse vérifiée le contenu du kali pur. Ainsi, par exemple, s'il reste 80 grains de potasse pure, ce qui est ordinairement le cas lorsqu'elle n'a pas été falsifiée, 120 livres contiennent 100 livres de kali pur. S'il reste seulement 50 grains, alors 150 livres ne contiennent que 100 livres de kali pur, et 120 livres de potasse pure ont autant de valeur que 120 de potasse falsifiée.

CHAUX.

En donnant à la cendre de bois ou potasse, ou soude, un intermède proportionné de chaux fraîche, la lessive ainsi préparée est appelée mordante du caustique ; celle qui n'a point reçu d'intermède de chaux est appelée douce ou acide carbonique.

La lessive caustique possède non-seulement la propriété de dégager les filaments des plantes des matières impures qui y sont attachées, mais, d'après le dire de blanchisseurs expérimentés, elle dissout un quart de la matière colorante attachée à la toile écrue, en plus de la quantité que peut dissoudre la lessive douce ; c'est-à-dire que toutes les parties grasses des substances que l'on veut blanchir se trouvent dissoutes par la lessive caustique et transformées en un liquide savonneux.

Ainsi le sel alcali agissant d'une manière délétère sur la toile, la lessive ne doit être employée que très-raréfiée.

Ce que nous venons de dire doit apprendre

que la lessive mordante est un puissant auxiliaire lorsqu'on l'emploie modérément, mais qu'elle devient un ennemi très-dangereux lorsqu'on abuse de son usage. Je conseillerai toujours de vérifier si la lessive n'est pas devenue trop mordante par l'emploi d'une trop grande quantité de chaux. Les meilleures proportions sont :

3 livres de chaux pour 100 livres de cendre de bois.
25 — — de potasse.
10 — — de soude.

La chaux dont on se sert pour purifier la lessive doit être bien brûlée, c'est-à-dire dure et sonore, s'éteindre facilement dans l'eau lorsqu'elle a été chauffée rapidement et déposer peu.

La chaux fraîchement brûlée est la plus propre au mélange avec la cendre.

SAVON.

Si le savon est bon, soit qu'il ait été fabriqué d'huile ou de grains, il doit posséder les qualités suivantes :

Ne pas graisser les mains;

Ne posséder aucun goût prononcé de lessive;

Se dissoudre complétement dans l'eau de pluie.

Du reste, le savon fait avec la graisse est meilleur, pour le blanchissage, que le savon fait avec de l'huile, le dernier donnant toujours à la toile une teinte jaunâtre qui ne peut disparaître qu'en employant de la lessive chaude.

ATELIERS ET ACCESSOIRES.

Tout établissement offre d'autant plus d'avantages qu'il est moins compliqué.

Pour blanchir, il faut, outre les ustensiles ordinaires propres au lavage, avoir un chaudron avec ce qui est nécessaire pour faire du feu, une cuve pourvue d'une ouverture à la partie inférieure de son pourtour (cette ouverture doit pouvoir se fermer et s'ouvrir à volonté), un trépied en bois, un baquet pour placer au-dessus de l'ouverture, un puisoir à long manche, une brouette pour transporter la toile, un arrosoir; enfin pour étendre les fils sur la place de blanchissage, une grande quantité de bâtons ronds en bois de sapin, de 3 pieds de long sur 1 pouce de diamètre. Si c'est de la toile que l'on veut étendre, ces bâtons doivent être pourvus, à leurs extrémités, d'une quantité suffisante de crochets d'un bois qui ne déteigne pas.

Nous ferons observer qu'on doit toujours éviter de se servir d'ustensiles de chêne ou d'aune; ces bois déteignent facilement. Le fer ne doit jamais non plus avoir de contact avec la toile à cause des taches de rouille.

Ceux qui ont la bonne habitude de mettre immédiatement dans le chaudron les toiles, après qu'elles ont été dégagées de leurs impuretés, en les trempant à plusieurs reprises dans la lessive chaude, doivent avoir une corbeille d'osier s'ajustant dans l'intérieur du cuvier. Par cette précaution, on évitera les taches qui résultent souvent du frottement de la toile ou du fil contre les parois. Cependant il faut avoir soin, avant de se servir de la corbeille, de la faire bouillir plusieurs fois dans de la lessive faible, afin de lui enlever toute la substance colorante.

Ceux qui n'auraient pas à leur disposition les instruments que nous venons de décrire pour arroser la lessive dans le chaudron et empêcher ainsi le gonflement de la toile au-dessus de la surface de la cuve peuvent y suppléer de la manière suivante : on fait faire une étoile de bois de sapin très-fort ; les pointes doivent être à 5 ou 6 pouces l'une de l'autre ; afin d'empêcher le bois de jouer par l'action du liquide et de la chaleur, on joint ces pointes par des cercles que l'on attache avec des chevilles en bois. On met ensuite cette étoile dans la cuve en ayant soin de veiller que la surface des articles à blanchir soit de 4 à 5 pouces au-dessous de celle du liquide.

Les pointes de l'étoile touchent les parois de la cuve ; le noyau de l'étoile est attaché au couvercle par un long bâton. L'ébullition ou la lessive a lieu sans empêchement entre les interstices de cet appareil.

Quoiqu'un blanchisseur expérimenté puisse juger assez exactement du degré de chaleur de son eau ou de sa lessive par la quantité de vapeur qui s'en détache ou par le simple toucher à la main, cependant nous conseillerons toujours, pour plus de sûreté, de se servir du thermomètre de Réaumur; nous désignons ce dernier, parce qu'il est plus employé dans le commerce que le thermomètre de Fahrenheit.

Afin de ne pas prodiguer inutilement l'alcali, qui coûte assez cher, il est nécessaire que le blanchisseur sache s'assurer, au goût et au toucher, de la quantité de kali contenue dans sa lessive. Cette connaissance est absolument indispensable pour éviter de compromettre la solidité des marchandises que l'on blanchit. Il existe aussi deux instruments usités dans les coulages en grand. L'un est la balance de lessive inventée par Beck (*die Beckische laugenwage*)*, et l'autre le couteau à lessive (*das laugenwesses*) **.

---

* Pour que les blanchisseurs français connaissent à peu près l'instrument et sachent lui donner un nom, je dirai que je sais seulement que, sur l'échelle, chaque degré indique la pesanteur d'une partie de kali dans 100 parties de dissolution.

** Je n'ai pu me procurer la vue d'aucun instrument de cette

Dans les grandes blanchisseries, le blanchissage se commence dans les premiers jours de février ou au commencement d'avril.

On choisit la première époque lorsque l'on compte recevoir beaucoup de toile et faire trois blanchissages dans un été, on choisit la seconde lorsqu'on compte ne blanchir que deux fois.

S'il tombe de la neige, on doit étendre soigneusement la toile au-dessus : cette dernière se gèle facilement au-dessous de la neige, et, dans ce cas, les filaments perdent de leur solidité, surtout si le dégel et la gelée se succèdent.

La toile qui gèle étant encore mouillée se brise avec autant de facilité qu'une couche de glace. Dans tous les cas, un froid glacial n'est jamais sans inconvénient, on peut s'en convaincre dans le blanchissage des fils. Ces derniers deviennent mous à la gelée et perdent de leur solidité ; aussi ne faut-il jamais les étendre, tant qu'on a encore à craindre la gelée de nuit. On doit, autant que possible, commencer le blanchissage au moment où les cerisiers fleurissent.

Selon mon opinion, les mois d'avril, de mai et de juin sont les plus favorables au blanchis-

---

espèce. Tout ce que je sais, c'est qu'ils se plongent tous deux dans le liquide et qu'ils sont des espèces de baromètres pour apprendre combien la lessive contient de kali.

sage, tant à cause de la longueur des jours que parce qu'on rencontre, pendant ces mois, une alternative de pluie et de soleil. Il est, au moins, certain que les mois de juillet et d'août blanchissent moins bien que le printemps et l'automne.

On a remarqué qu'une température très-chaude avec un demi-soleil provoque le blanchissage, mais affaiblit sensiblement le serré des toiles.

DURÉE DU BLANCHISSAGE.

La durée de cette opération ne peut être indiquée qu'approximativement. En effet, la température ne dépend nullement de la volonté humaine, et une sorte de toile se blanchit plus facilement qu'une autre.

Par une lessive très-forte, on peut diminuer la durée du blanchissage aux dépens de la solidité de la toile; mais on atteindra le même but en buandant aussi souvent que cela est nécessaire. Dans ce cas, 50 ou 60 jours suffisent pour donner à une toile toute teinte la blancheur désirable.

TRAVAUX PRÉPARATOIRES.

Aussitôt que la toile a été livrée à la blanchisserie par les propriétaires ou par les facteurs, on commence par la mesurer, on applique ensuite le cachet de la blanchisserie aux deux extrémités de la pièce, ainsi que l'aunage; le nom ou marque du propriétaire, les qualités de la toile, si elle est de lin, de chanvre ou d'étoupe, si elle est unie, rayée ou damassée.

Ces précautions, ainsi que l'inscription sur un registre, sont dans l'intérêt du blanchisseur et du propriétaire, en évitant réciproquement toute espèce d'erreur. On suppose toujours que le prix de chaque pièce est connu des propriétaires, afin d'éviter les difficultés qui surviendraient s'il fallait payer une pièce égarée.

En marquant les deux extrémités des pièces avec les numéros de blanchissage, et le nombre d'aunes qu'elles contiennent, le blanchisseur peut de suite juger à quelle division de la blanchisserie appartiennent les pièces, et mettre en même temps les ouvriers dans l'impossibilité d'en couper un morceau, sans qu'il s'en aperçoive.

La toile est d'abord visitée, afin de noter les défauts qu'elle possède en sortant des mains du tisserand, puis ensuite assortie en parties plus ou moins fines.

Chaque quantité de toile lessivée ensemble doit, autant que possible, former une partie séparée dans l'opération du blanchissage. Le blanchissage se partage ainsi en autant de subdivisions qu'il y a de parties.

Chaque subdivision doit se soigner à part. Du reste, leur traitement ne subit d'autres modifications que celles que peuvent amener la température ou des circonstances imprévues.

La toile ainsi treillée est mise dans le cuvier. Dans cette opération, on doit avoir soin que l'eau ou la lessive pénètre également toutes les parties de chaque pièce.

Les toiles doivent être placées l'une au-dessous de l'autre en spirale. Si le cuvier est assez grand et qu'on ait déjà placé 3 ou 4 couches, on place perpendiculairement, tout autour du cuvier, 2 couches, de manière, cependant, à ce que la surface des toiles (perpendiculaires et horizontales) forme un plan uni; on étend ensuite au-dessus le linge à cendre (*asche tuch*), afin que, dans l'arrosement, la cendre, la poussière, la suie, etc., ne puissent pénétrer dans la toile.

LA FERMENTATION.

Après avoir ainsi placé la toile dans le cuvier, on la fait tremper ordinairement 2 fois dans l'eau chaude, afin d'enlever la première crasse, faire gonfler le tissu et faciliter l'action pénétrante du kali.

Comme la toile écrue est beaucoup plus dure que lorsqu'elle a trempé, il faut, après les premières opérations, ajouter assez de lessive ou d'eau pour que le liquide s'élève au-dessus de la toile de la hauteur d'une main. Ce n'est qu'alors qu'on empêche la toile de se soulever davantage, en plaçant des planches sur lesquelles on met des pierres.

La toile ne reste pas dans le cuvier dans sa situation primitive; elle ne reste point au fond, mais se soulève lorsqu'elle ne trouve point de résistance. Le mouvement est attribué, à juste titre, à une fermentation intérieure, fermentation qui commence plus vite en été qu'en hiver.

Le trempage est d'une grande importance pour le blanchissage ; aussi n'est-ce pas sans raison qu'il existe un vieil adage silésien qui dit :

Gut geweicht, ist holbgebleicht.

Toile bien trempée est à demi déjà blanchie.

Cependant, en faisant durer cette opération trop longtemps, on risque facilement de pourrir la toile; il est donc prudent de la faire cesser plutôt trop tôt que trop tard, et, dans tous les cas, aussitôt que la toile ne se soulève plus, et que l'eau exhale une odeur repoussante, circonstances qui se présentent dès le troisième jour en hiver, dès un jour et demi ou deux jours en été.

On laisse donc écouler la lessive (qui est fortement colorée) par le bondon, on verse ensuite sur la toile quelques chaudrons d'eau tiède, puis on la foule bien, afin d'enlever toutes les impuretés, et on reverse encore de l'eau fraîche par-dessus, jusqu'à ce que celle qui s'échappe ne contienne plus de saleté.

Après le foulage, on rince bien la toile dans l'eau propre, et on va l'étendre ensuite sur la place du blanchissage.

LE FOULAGE.

Le foulage est une condition indispensable de tout blanchissage; c'est presque le meilleur moyen d'ôter à la toile toute sa saleté, et sans cette précaution elle n'acquerra jamais une blancheur complète.

Il ne faut cependant pas employer immodérément le foulage. Dans ce cas, le frottement réitéré des feuilles de toile l'une contre l'autre et contre les parois du bassin à foulon relâche et affaiblit les fils.

Il faut renouveler seulement quatre fois cette opération :

1° Lorsque la toile a été trempée deux fois dans l'eau;

2° Lorsqu'elle a été trempée deux à six fois dans la lessive;

3° Lorsqu'elle est à demi blanche;

4° Lorsqu'elle est tout à fait blanche.

Après chaque foulage, la toile doit être rincée, séchée sur la place du blanchissage, et on doit la laisser, au préalable, tremper quelquefois pendant la nuit, dans de la lessive chaude portant 30, 40, puis 50, 60 degrés Réaumur.

On peut aussi remplacer le foulage en battant la toile avec des fléaux, en ayant soin de l'arroser constamment avec de l'eau pure et de la retourner fréquemment sur une aire de bois bien propre. On peut encore remplacer cette dernière opération en battant la toile dans un baquet avec des battoirs en bois et en la rinçant ensuite toujours dans l'eau pure.

LE COULAGE.

On entend par là le séjour de 12 heures que l'on fait faire à la toile dans une lessive portant une température de 1/4 à 1/2 degré. Cette lessive ne doit pas bouillir, cette opération (à la lessive bouillante) devant toujours suivre la première, lorsque les marchandises à blanchir, et qui ont été étendues sur la place du blanchissage, ont perdu tout leur kali.

En laissant bouillir la lessive dans la première opération, on court le danger, à peu près certain, d'imprégner dans la toile la couleur provenant du rouissage du lin, ainsi que toutes les matières impures qui s'y sont attachées.

EXTENSION DE LA TOILE SUR LA PLACE DU BLANCHISSAGE.

La plupart des blanchisseries du midi de l'Allemagne pèchent en ce qu'après chaque traitement par la lessive la toile est lavée avant d'être étendue sur la place. Une étoffe étendue ainsi, dépourvue de kali, ne devient jamais aussi promptement et aussi complétement blanche que celle que l'on étend au sortir de la lessive et qu'on arrose chaque fois qu'elle est sèche.

Il ne faut pas non plus arroser assez longtemps pour que le kali disparaisse de la toile; mais on doit continuer cette opération tant que la toile est encore grasse et onctueuse au toucher. Si une forte pluie a remplacé l'arrosement et enlevé le kali, il faut retremper la toile dans la lessive chaude avant de la tremper dans la lessive bouillante.

Il faut, autant que possible, que la rosée

tombe sur la toile; il est aussi à désirer qu'elle soit mouillée par une ondée, cependant pas assez pour l'empêcher de sécher promptement.

On est actuellement bien convaincu que le changement qui s'effectue dans les matières colorantes, et qui est le but du blanchissage, a lieu au moment où la toile se sèche; que l'influence de l'eau, de l'air et de la lumière a lieu également dans le même instant. C'est donc en sachant à propos rencontrer l'arrosement et le séchement de la toile qu'on s'épargne non-seulement la peine de la retremper cinq ou six fois, mais qu'on lui donne facilement une blancheur éclatante.

Dans l'opération de l'arrosement, il est nécessaire de savoir jeter avec adresse l'eau en l'air ou se servir d'arrosoir, afin que l'eau retombe en pluie fine sur la toile.

Il est à regretter que dans plusieurs blanchisseries, et surtout dans le Wurtemberg, la toile se trouve souvent déchirée entre les mains du propriétaire.

Cet inconvénient provient de la manière d'attacher la toile, manière qui consiste à se servir de deux chevilles de bois, à l'une desquelles on trouve l'un des bouts de la pièce, tandis qu'on enfonce simplement l'autre dans la terre. De cette manière, lorsqu'il s'élève un coup de vent, la portion de toile roulée présente à son action un plan vertical mêlé d'interstices, et si la force du vent n'arrache pas la cheville de terre, elle déchire impitoyablement les portions tendues qui sont proches de la cheville. Nous conseillons donc d'étendre simplement la toile sur le gazon, de la retendre toutes les fois que le vent la rejette, ou, si le vent est trop fort, de rouler l'extrémité de la pièce jusqu'à ce qu'il soit apaisé.

Chaque fois qu'on étend de nouveau la toile sur le gazon, il faut avoir soin de la tourner du côté qui s'est le moins décoloré.

Les personnes obligées de circuler au milieu de la place où sont étendues les toiles ne doivent jamais avoir de souliers avec des clous, mais bien des sabots, ou, ce qui vaut encore mieux, être pieds nus. Enfin, cette place, de même que les ateliers de blanchissage, doit être constamment tenue avec la propreté la plus scrupuleuse.

Si, dans le commencement de la lessive, il est utile de n'employer qu'une chaleur modérée, il est tout aussi nécessaire d'élever peu à peu cette chaleur, et on n'obtiendra jamais de toile parfaitement blanche si la lessive n'atteint pas le degré d'eau bouillante.

Il n'est pas aussi facile qu'on est tenté de se l'imaginer de donner ce degré de chaleur à toutes les parties d'une grande masse de toile, par le moyen d'une masse beaucoup moindre de lessive. La lessive ne doit jamais monter jusqu'à la dernière couche de toile, et tout au plus atteindre la moitié du cuvier.

Nous avons déjà parlé du mode à suivre pour faire bouillir dans le chaudron les marchandises que l'on veut blanchir ; il ne nous reste plus qu'à considérer le coulage dans le cuvier, lorsqu'on verse la lessive du chaudron. La toile ayant été séchée et placée dans le cuvier de la manière que nous avons décrite plus haut, on verse peu à peu l'eau puisée dans le chaudron, jusqu'à ce que le cuvier soit à demi plein de lessive. Cette opération terminée, on remet la lessive dans le chaudron, on ôte le drap à lessive, et on prend les premières couches de toile pour former une surface arrondie en pente, et dont la pointe se termine contre le cuvier. Alors les blanchisseurs foulent cette surface avec leurs sabots, de manière à ce que la lessive que l'on verse au milieu se dirige en égale quantité sur les côtés. Pendant ce temps, la lessive, qui a à peu près atteint 70° Réaumur, est de nouveau reversée sur la toile, le chaudron se remplit de nouveau avec celle qui s'échappe par le bas du cuvier, et l'on renouvelle cette opération en augmentant le degré de chaleur, jusqu'à ce que la lessive qui découle du cuvier tombe presque bouillante dans le chaudron. Dans ce moment, la lessive sera devenue tout à fait âpre au goût, et n'aura plus d'odeur de graisse.

Dès qu'on cesse de verser de la lessive bouillante avec le puisard, il faut laisser écouler la lessive du cuvier et retirer de suite la toile pour la transporter sur le gazon du blanchissage. En laissant, au contraire, la lessive se refroidir sur la toile, cette dernière reçoit de nouveau une partie des matières colorantes en dissolution, et ce n'est qu'avec la plus grande peine qu'on parvient à les faire disparaître dans les coulages successifs.

Trois ou quatre coulages ne suffisent pas pour rendre la toile blanche, et les blanchisseurs désirent même qu'elle conserve une teinte jaune lorsqu'ils l'étendent sèche sur la place du blanchissage. Cependant la couleur jaune foncée disparaît peu à peu, et après six ou sept coulages faits dans les proportions suivantes :

1ᵉʳ coulage	avec de la lessive	ayant un fond de	0 degré	3/4
2ᵉ	—	—	—	0	3/4
3ᵉ	—	—	—	1	
4ᵉ	—	—	—	1	
5ᵉ	—	—	—	1	1/4
6ᵉ	—	—	—	1	1/4
7ᵉ	—	—	—	1	1/2

La toile est à moitié décolorée, résultat que l'on remarque très-facilement lorsqu'elle est dans le cuvier.

Dans le dernier coulage, on ajoute à la lessive, et pour 400 aunes d'étoffe, un demi-quarteron de savon.

Lorsque la toile est tout à fait sèche, elle paraît très-blanche, surtout de loin : vue au soleil, on croirait qu'elle a atteint son dernier degré de blancheur ; mais en la considérant de près, lorsqu'elle est mouillée, on s'aperçoit qu'il n'en est point ainsi, et qu'il y a encore des fils écrus, qui contiennent des *pailles* (particules ligneuses de l'écorce de lin).

Lorsqu'au bout de 60 jours la toile n'est qu'aux trois quarts blanche, on la coule une dernière fois, en ajoutant un peu de savon ; puis elle est encore traitée quelques jours sur le gazon de la blanchisserie, foulée trois fois, tirée, séchée, enfin calandrée, pliée et emballée.

Le blanchissage est maintenant terminé, et toutes les opérations auxquelles on procède ensuite font partie de l'apprêt. Les toiles destinées au commerce doivent être empesées et passées au bleu avant de passer sous la calandre.

L'AMIDON.

L'amidon de farine de froment est le seul qui donne à la toile la roideur nécessaire. Celui que l'on tire de la pomme de terre est, à la vérité, d'un beau blanc; mais, ne possédant pas de colle, il n'a pas aussi assez de force.

On reconnaît la qualité de l'amidon en en mettant un peu sur la langue. L'amidon de froment couvre peu à peu toute la surface de la langue, et s'attache au palais; celui de pommes de terre se dissout dans la bouche comme de l'eau.

Le bon amidon doit, en outre, être d'une blancheur éclatante, n'avoir ni goût ni odeur, et se casser avec bruit.

LE SMALT (*bleu de cobalt*).

On ne doit employer que la sorte la plus fine : cette sorte se dissout totalement dans l'eau, ne dépose presque pas dans l'empois, et ne laisse aucun point bleu sur la marchandise. Dans le commerce, cette sorte de bleu est semblable à de la farine très-fine. Il est meilleur marché de se servir de

BLEU-INDIGO,

que l'on peut préparer soi-même d'indigo, d'acide sulfureux, de potasse et d'eau.

Prenez 8 onces d'indigo bleu des Indes orientales, tournez-le par portions dans un vase de grès ou de porcelaine, dans lequel vous mettez 2 livres d'acide sulfureux; laissez le mélange se reposer 24 heures, versez-y ensuite peu à peu 6 livres d'eau de rivière bien claire, de manière à ce que la dissolution d'indigo s'échauffe peu à peu. Vous dissolvez 3 livres 1/2 de bonne potasse dans 6 livres d'eau, vous faites passer la dissolution à travers un linge de toile; vous continuez à tourner jusqu'à ce que vous n'entendiez plus la fermentation. Lorsque l'acide sulfureux de la dissolution d'indigo est complétement saturé de kali, vous filtrez le tout dans une bourse defeutre blanc. Au commencement du filtrage, tant que la bourse laisse un résidu d'indigo, on recouvre le liquide, opération que l'on renouvelle quatre ou cinq fois. Le liquide gris bleu qui s'écoule contient l'acide sulfureux de kali, et le résidu d'indigo reste dans la bourse.

Pour dégager tout à fait en dernier de sel, on le lave encore quelquefois avec de l'eau bouillante. Ce résidu, pourpre et pâteux, est ensuite renfermé hermétiquement dans un vase, parce qu'il se moisit facilement au contact de l'air. Mêlé à une grande quantité d'eau, il donne au liquide une couleur du plus beau bleu. Cette couleur, étant entièrement dégagée d'acide et de sel, est la plus propre pour passer au bleu tous les articles de coton et de fil que l'on veut blanchir

SUIF ET CIRE.

Le suif et la cire doivent être aussi purs que l'amidon et le smalt.

On se sert de cire blanche pour la toile fine, de cire jaune pour la commune. Il faut faire attention qu'en bouillant la dernière ne donne aucune écume jaune.

> 48 livres d'amidon,
> 15 livres de smalt,
> 1 livre de cire,
> 1/4 livre de suif,

suffisent pour donner un empesage modéré à 50 pièces de toile ordinaire, de 60 aunes chacune.

On doit, autant que possible, ne pas empeser une trop grande quantité de toile dans le même jour, afin de pouvoir profiter du soleil et de pouvoir attendre avec certitude qu'elle soit séchée. Il faut commencer cette opération de très-grand matin, et la terminer le plus promptement possible. Il faut éviter, lorsqu'on étend la toile sur les pieux de la blanchisserie, qu'ils soient humides de rosée, ce qui enlèverait une partie de l'empois. La pluie offre le même inconvénient, elle rassemble l'empois sur une seule place, cause des taches qu'on ne peut enlever qu'en retrempant la toile, la faisant de nouveau sécher et en l'empesant de nouveau.

On évitera tous ces inconvénients en ayant à sa disposition un hangar pour pendre la toile, et l'on peut, pour faciliter l'empesage, employer une machine.

LE CALANDRAGE.

La toile étant bien séchée, on la porte sous une presse telle que celle que l'on voit chez les teinturiers.

Chaque pièce est roulée bien régulièrement sur un cylindre, de manière à éviter tous les plis; le cylindre est ensuite placé sur la table inférieure de la calandre. Au moment où le pressage commence, il est essentiel de faire bien attention qu'il ne se montre aucun pli sur la surface du rouleau, car, dans ce cas, un seul suffirait pour communiquer ce pli à toute la pièce.

Si l'on trouve que la toile est trop sèche pour l'opération, ou si sa surface paraît moisie, on l'humecte avec un peu d'eau, et on laisse ainsi la pièce quelque temps sous le pressoir.

Le calandrage a l'avantage de rendre la toile beaucoup plus agréable à l'œil, sans lui rien faire perdre de sa valeur intrinsèque. Elle devient unie sans brillant, et devient semblable au miroir d'une eau doucement agitée. C'est ce qui fait que, lorsque le calandrage a bien réussi, on a coutume de dire : « La toile a de l'eau (*sie hat waser*). »

Cependant le vrai connaisseur ne se laissera pas tromper par l'aspect avantageux de la toile, il saura toujours apprécier la qualité du tissu; et, quoique cette opération soit généralement exigée, il y a des cas où il faut s'en abstenir, parce qu'on rencontre des sortes de toiles dont la propriété est de passer en tissus de fils ronds et très-serrés.

Après le calandrage, la toile est transportée dans la chambre d'apprêt (*das appretur-zimmer*), afin de lui donner la tournure et l'habit (*gestlat und kleid*), et la mettre ainsi en état d'être présentée convenablement sur le marché. Tantôt on la coupe, ou on la laisse en pièce; tantôt on la plie dans toute sa largeur ou seulement dans sa demi-largeur; on l'orne de six bandes de papier blanches, bleues, violettes, ou d'or; ou bien on l'enveloppe entièrement dans du papier : tantôt on lui donne un champ de couleur, un champ blanc, un champ d'azur, un champ d'argent, tantôt elle n'en reçoit point; quelquefois on l'orne avec des rubans de soie, des franges de couleur, ou des bords d'or; enfin on lui donne les ornements qu'on désire ou qu'une longue habitude a consacrés pour telle espèce de toile.

A la vérité, c'est toujours, au fond, le plus ou moins de finesse du fil, la qualité du tissu, la largeur et la longueur de la pièce, qui déterminent le caractère de chaque sorte de toile, et non la forme extérieure et les enjolivements qu'on lui donne. Mais on est pourtant toujours obligé de se conformer à ces futilités, si on veut assurer la vente de la toile, et la qualité aura beau être parfaite, s'il manque une ligne aux enjolivements, si on a négligé d'y ajouter un gland, une raie, si le champ n'est pas de la couleur voulue, l'acheteur ne voudra jamais reconnaître la marchandise pour ce qu'elle est véritablement, ou éprouvera tout au moins, à sa vue, un sentiment de méfiance. Du reste, il arrive quelquefois qu'une même sorte de toile reçoit un apprêt différent.

Lorsqu'on a donné à la toile sa forme extérieure, qu'on a mesuré sa longueur, qu'elle est pliée de diverses manières, on attache les diverses couches avec des épingles, et la pièce est ensuite liée.

Nous répéterons encore qu'il est nécessaire d'observer la propreté la plus scrupuleuse dans toutes ces opérations. Après qu'on a plié la pièce, et généralement toutes les fois qu'elle a été dépliée, on la presse de nouveau, afin de faire disparaître tous les plis, de la réduire à la plus simple expression de son volume, et d'empêcher le frottement des couches pendant le transport.

Si ces différentes opérations du calandrage et de l'apprêt sont difficiles à décrire, elles le sont encore plus à apprendre, et il ne faut rien moins qu'une habitude de plusieurs années pour acquérir la dextérité nécessaire.

BLANCHISSAGE DES FILS (*de lin ou de chanvre*).

Ce blanchissage ne diffère pas d'une manière sensible de celui de la toile ; on peut y procéder à peu près de la même manière sur le gazon de la blanchisserie.

Seulement, les fils n'étant point disposés aussi régulièrement les uns à côté des autres que dans les tissus de toile, nous conseillerons d'observer les précautions suivantes :

On placera les écheveaux par couches et en croix dans le cuvier : mais, comme, pendant l'arrosement, l'air peut rester entre les fils, il vaut mieux laisser pénétrer lentement la lessive par en bas, afin de laisser à l'air le temps de s'évaporer complétement. A cet effet, on placera le cuvier assez bas pour que son orifice soit de niveau avec le chaudron ; on adapte au fond de la cuve un tuyau qui s'élève jusqu'au bord et dans lequel on verse la lessive du chaudron ; on a soin de tordre les écheveaux chaque fois qu'on les retire de la cuve : lorsqu'on veut les étendre sur la place de blanchissage, on pend les écheveaux à des bâtons de sapin hauts de 3 pieds. Il est inutile de dire que le foulage devient superflu, et qu'on nettoie le fil en le rinçant.

Nous conseillerons de ne traiter à la fois que des fils d'une égale finesse, afin que le blanchissage ait lieu en même temps. (Plus le fil est fin, et plus vite il se blanchit.) Le blanchissage terminé, le fil est brossé, opération qui fait tomber une quantité de filaments laineux, et le fil reçoit tout le lustre et l'uni dont il est susceptible.

MODE DE BLANCHISSAGE DANS LA FORÊT DE BAVIÈRE, NON LOIN DE KOTZING.

La toile n'est pas immédiatement transportée à la blanchisserie en sortant des mains du tisserand; on la fait, au préalable, tremper pendant 24 heures dans l'eau chaude, à laquelle on mêle de l'eau de savon. Cette opération a pour but d'amollir la toile et de lui enlever ses impuretés les plus grossières.

La toile est ensuite transportée sur la place de blanchissage, étendue au soleil et arrosée fréquemment avec de l'eau pendant 2 à 5 jours; ce n'est qu'alors qu'on la place dans le cuvier.

Le drap à lessive est étendu en double; on y place une couche de paille avant d'y jeter la cendre. Il recouvre parfaitement l'orifice du cuvier, afin qu'il ne puisse tomber de cendre ou autres matières étrangères dans l'intérieur.

On souhaite, à la fin du blanchissage, un soleil très-chaud, parce qu'on ne laisse plus volontiers la toile dans la lessive ou dans l'eau, ce qui pourrait occasionner des taches rouges et bleues et lui ôter de sa blancheur. Ces accidents ne peuvent disparaître qu'en foulant, lavant, lessivant, et faisant de nouveau sécher la toile au soleil.

Après que la toile, encore demi-humide, a été pliée en double dans toute sa largeur, on termine le blanchissage en la faisant encore sécher.

Si l'on désire se procurer des renseignements encore plus détaillés, je renverrai nos lecteurs à l'excellent ouvrage que M. Michel Irlbeck, à Liebenstein près Kotzing, a publié sur l'agriculture du lin, ouvrage dans lequel il traite des différentes méthodes de blanchissage usitées dans la contrée.

BLANCHISSAGE DU FIL EN BOHÊME.

Le fil, qui est presque toujours filé très-serré, est trié selon son degré de force, de manière à ce que chaque sorte puisse être traitée séparément.

On laisse ensuite tremper le fil pendant 24 heures dans une lessive faible; on le foule, on le rince à l'eau pure, afin de le dégager des pailles et autres impuretés.

Après qu'il a été séché, on le place dans le cuvier et on le sature avec de la lessive douce (15 à 18 livres de potasse pour 100 schoks de fil, selon le degré de force du fil).

Lorsque le fil a été bien pénétré par cette lessive, on place dans une cuve les écheveaux par couches et en croix : la cuve doit avoir un double fond, et le fond supérieur doit être troué comme une grille, afin de donner passage au superflu de la lessive. Les opérations qui suivent ont déjà été décrites plus haut.

Le fil est ensuite pendu, pendant 48 heures, à deux rangées de bâtons et arrosé six à sept fois (toutes les fois qu'il est sec) avec de grands arrosoirs de bois.

On retire ensuite le fil du gazon de la blanchisserie, pour l'arroser encore avec de la lessive de 18 à 20 livres de potasse ; on le coule aussi chaud que possible pendant 6 heures, et on le rince ensuite à l'eau courante.

Ainsi, pour blanchir complétement 100 schoks de fil, ils doivent subir les opérations suivantes.

1. Aussitôt après le triage, on met le fil tremper pendant 4 heures dans la lessive tiède.

2. Il est foulé et démêlé toutes les fois qu'on le fait retremper et qu'il est sec.

3. On le coule trois fois pendant 6 à 3 heures, et on le retourne après chaque coulage.

4. On le démêle et on le tord chaque fois.

5. On le coule quatre à cinq fois pendant 4 à 5 heures, en ayant soin de le retourner chaque fois.

6. On l'étend pendant 48 heures et on l'arrose toutes les fois qu'il est sec.

7. On le coule une fois pendant 6 heures.

8. On le démêle.

9. On le coule quatre à cinq fois.

10. On le pend pendant 48 heures sur la place de blanchissage.

11. On le démêle.

12. On le coule quatre à cinq fois.

13. On le pend pendant 48 heures sur la place de blanchissage.

14. On le démêle.

15. On le coule quatre à cinq fois.

16. On le démêle.

17. Avant qu'il ne soit séché, on le rince deux fois à l'eau de savon, après quoi on le coule de nouveau.

18. On le démêle.

19. On l'étend pour la dernière fois, jusqu'à ce qu'il reçoive la rosée.

20. On le démêle, on le brosse et on le lie.

MANIÈRE D'UTILISER LE RÉSIDU QUI A SERVI AU COULAGE.

Nous avons déjà parlé des matériaux qui servent à préparer les lessives, c'est-à-dire de la cendre de bois, de la potasse, de la soude et de la chaux.

Je vais maintenant entretenir mes lecteurs de la cendre qui a servi au coulage, je lui parlerai aussi d'une matière qui a déjà été utilisée. Cependant, dans cet état, la cendre est encore un engrais précieux pour les champs et les prairies. Son effet sur le sol qu'on en imprègne s'aperçoit encore au bout de 10 à 12 ans; cet effet est surtout sensible sur les terrains argileux et humides. Son emploi n'est avantageux sur les sols sablonneux que lorsque ces derniers sont gazonnés, qu'on laboure le champ et qu'on jette la cendre dans les sillons. Il y a des champs où un pareil engrais de 60 à 80 *simri* de cendre sur un arpent fait sentir son effet pendant 6 ans, sans qu'on soit obligé d'employer un autre engrais.

Nous donnerons, pour la manière d'utiliser cet engrais, l'opinion de mon maître et ami le docteur Schwerz ; cette opinion, fondée sur 24 ans d'expérience, est la suivante. On commence par labourer et égaliser le terrain ; on prend ensuite la cendre du tombereau, et on en forme, en carrés, des tas distants de 8 pas ; puis on la jette en rond avec une pelle, de manière à ce que la cendre tombe également partout. On attend une petite pluie avant de labourer de nouveau. La règle générale est de ne pas enfoncer l'engrais trop avant dans la terre, ce qui lui fait perdre de son effet. Le dernier labourage ou le labourage des semailles doit être plus profond que les deux autres, afin de ramener les cendres près de la surface du sol, sans cependant la laisser à découvert.

Dans les montagnes, où il faut souvent combattre les intempéries du climat, l'engrais de cendre est presque indispensable pour la récolte du trèfle; on l'emploie immédiatement après la récolte du seigle, récolte suivie de celle de l'orge mêlée avec du trèfle. L'effet de cet engrais est tellement précieux, que dans une contrée très-froide, par exemple sur le sommet du Scharfenberg (montagne aiguë), près Brillon, en Westphalie, on fauche deux fois pendant l'année, et on peut encore une fois faire paître le bétail en automne : la seconde année même, il n'est pas rare qu'on fasse deux coupes.

Sur un sol entièrement épuisé et qui ne produit pas de trèfle, même lorsqu'on emploie le plâtre, cette plante croîtra en employant la cendre, et ce n'est que lorsqu'on s'est servi de cet engrais que le plâtre fait son effet.

Dans l'Erzgebirge, l'effet de la cendre coulée dure 8 ans; mais, passé cette époque, l'emploi répété de cet engrais reste sans effet. Le fumier est alors le plus puissant auxiliaire, et le seul moyen auquel il faut avoir recours. Voici l'ordre des semailles dans ces contrées.

1re année — colza.
2e » — orge.
3e » — pois.
4e » — orge.
5e » — trèfle.
6e » — trèfle.
7e » — orge.
8e » — avoine.

Lorsqu'on est témoin des prodiges que fait la cendre employée comme engrais, on désire ardemment que toutes les cendres, même celles qui viennent de la plus petite buanderie de ménage, ne soient pas méprisées et jetées en monceaux sur le fumier, où, loin de produire un effet salutaire, elle rend, au contraire, stérile la place où elle tombe, parce qu'elle n'est point divisée.

Comme, pour conserver à la cendre toute sa force bienfaisante, il est nécessaire qu'elle ne soit point exposée à la pluie, nous conseillerons toujours de la mettre à l'abri et de la laisser sécher jusqu'au moment où on voudra s'en servir.

FILATURE
DES FILS

PAR LE MOYEN DE MACHINES;

PAR BREUNLEN.

TABLEAU COMPARATIF DES MESURES

100 aunes de Wurtemberg =
- 73 aunes 736 millim. de Bavière.
- 102 — 389 de Bade.
- 92 — 098 de Berlin.
- 112 — 230 de Francfort.
- 61 mètres 423 millim. de France.
- 51 aunes 186 millim. de France.
- 107 — 200 de Hambourg.
- 108 — 654 de Leipzig.
- 67 — 181 yards de Londres.
- 61 aunes 423 des Pays-Bas.
- 78 — 832 de Vienne.

ON EMPLOIE DANS LE COMMERCE :

- 27 mètres = 44 aunes de Wurtemberg.
- 8 aunes de Brabant = 3 —
- 8 — Suisse = 15 —
- 10 — Lyon = 19 —
- 2 yards anglais = 3 —

Le numéro des fils anglais indique le nombre d'écheveaux contenus dans une livre de fil. Un écheveau (*leas*) a une longueur de 300 yards.

Depuis l'année 1769, époque où l'Anglais Arkwright, inventeur du système à cylindre, fit servir ce système au filage de la laine et du coton, plusieurs personnes se sont efforcées de faire servir également la mécanique au filage du lin et du chanvre ; mais, malgré les progrès rapides qui s'opérèrent dans le filage mécanique de ces premiers produits, celui des deux derniers resta encore longtemps dans l'enfance.

Ce ne fut qu'en 1808, au moment où les relations commerciales de l'Angleterre se trouvèrent fortement compromises, et où les Anglais commencèrent à manquer de fils d'Allemagne, qu'on s'occupa sérieusement de l'emploi de machines à filer le lin. Dans l'année 1811, plusieurs filatures de cette espèce se trouvaient en activité en Angleterre et en Écosse, mais leurs produits laissaient encore beaucoup à désirer.

Napoléon, voulant porter un coup sensible aux fils-machine anglais et surtout aux fils-coton, rendit, le 7 mai 1810, une ordonnance par laquelle il accordait une prime d'un million de francs à l'inventeur du meilleur appareil pour filer le lin.

La machine devait surtout filer le lin plus égal et plus fin que la main d'homme. Le terme du concours était fixé à deux ans, et les mécaniciens de toutes les nations étaient invités à concourir.

Parmi les concurrents se trouvèrent plusieurs Allemands; mais on n'a jamais appris que le million promis ait été adjugé à quelqu'un, et il est probable que la campagne de 1812, qui fut presque immédiatement suivie de la guerre de l'indépendance allemande, empêcha l'empereur de s'occuper davantage de cette affaire.

Cependant le million de francs excita les mécaniciens (*die mecanischen höpfe*) à tenter quelques essais, et on est maintenant théoriquement convaincu de la possibilité de confectionner une machine qui filerait le lin et le chanvre en fils égaux et solides.

C'est ainsi que, dans les derniers dix ans, deux filatures-machines-lin s'élevèrent dans le Wurtemberg; l'une, assez considérable, en 1827, à Cheilbronn, et l'autre, plus petite, à Biberach, en 1831 : aucune n'est plus maintenant en activité.

En Autriche, en Prusse et en Saxe, l'auteur visita six établissements de ce genre (en 1827 et 1834). Il n'y a plus maintenant en pleine activité que celle de la maison fribourgienne Kranctsta, à Mary-Wernersdorf, et celle des frères Alberti, à Waldenburg.

Le gouvernement prussien paraît attacher la plus haute importance au développement de ce genre d'industrie, et il n'y a pas longtemps que, par ses soins, une fabrique de machines à filer le lin vient de s'élever. Les entrepreneurs de semblables filatures reçoivent gratis des machines à filer le lin, pour la valeur de 6000 thalers; nous citerons à l'appui le fabricant F.-L. Schonfeld, à Herford, en Westphalie. Il paraîtrait qu'il existe à Cologne une filature-machine-lin dans un état très-prospère, et qu'en Silésie (à Potsckky, près Oels) une troisième est sur le point d'être mise en activité. En Saxe, à Grossolbersdorf, près Jitteau, une compagnie d'actionnaires avec un fonds de 160,000 thalers vient d'en élever une avec 2,000 bobines.

On voit aussi, près de Hanovre, une filature considérable pour le filage du lin et de l'étoupe.

Il y a déjà quinze ans que les filatures-machines-lin ont été introduites en France. Rien n'est négligé pour les perfectionner, et on vante particulièrement, en Alsace, les numéros fins, provenant des filatures de Kaisenberg et de Bernhardsweiler.

En Suisse, les deux manufactures qui existaient à Bâle et à Frauenfeld ont cessé leurs travaux; mais, d'après des renseignements certains, une maison de commerce bien connue se propose d'établir dans son canton une filature automate d'après les meilleures expériences, et d'autres entrepreneurs comptent suivre cet exemple dans le Tyrol et le Voralberg.

Il est surprenant que les Belges, si renommés pour leur génie industriel, ne possèdent, jusqu'à présent, non-seulement aucune filature-machine, mais que la fabrication des toiles, autrefois si florissante chez eux, soit tombée en désuétude, et qu'ils laissent impassiblement emporter la matière première en Angleterre, d'où on la leur renvoie toute travaillée. Cependant, d'après les dernières nouvelles qui nous sont parvenues, les Belges semblent vouloir sortir de leur apathie. La banque de Bruxelles, avec l'ingénieur Cocquerill, va établir à Liége une fabrique de fils à toile avec 24,000 broches, et la faire travailler par des ouvriers anglais.

Depuis l'année 1832, la fabrication des fils-à-toile-machine a acquis, en Angleterre et en Irlande, un degré de perfection qui lui permet d'élever de très-beaux fils. Jusqu'en 1835, le nombre des filatures-machines-lin s'élevait, dans les trois royaumes, à 352, et le nombre des ouvriers attachés à ces manufactures à environ 33,000.

Les publications officielles des *board of trade* font connaître le mouvement extraordinaire de cette fabrication, surtout avec l'étranger, et nous croyons servir l'intérêt des lecteurs en communiquant quelques détails relatifs aux dernières années.

IMPORTATION EN MATIÈRE PREMIÈRE.

La quantité du lin et de l'étoupe introduits et travaillés dans les trois royaumes était :

1831 — 918,883 quint. de lin et d'étoupe.
1832 — 984,869 »
1833 — 1,112,190 »
1834 — 811,722 de lin sans étoupe.

De cette dernière somme sont arrivés :

De Russie — 562,815 quint. de lin.
De Prusse — 103,740 »
De Hollande — 81,157 »
De Belgique — 4,997 »
De la Nouvelle-Hollande 4,997 »

Importation des articles en toile dans les royaumes unis, abstraction faite de l'exportation de ces mêmes articles.

ANNÉES.	Cambries et toiles fines françaises.	Toiles fines non françaises.	Toiles damassées, linge de table, toiles mouchetées.	Coutils, treillis et toile d'emballage.	Toile à voile.	Toiles toutes confectionnées, valeur.	Canevas et toile unie d'Allemagne, de Russie et des Pays-Bas.	Articles divers, valeurs.
	pièce.	yards.	yards.	yards.	yards.	liv. st.	yards.	livr. st.
1826	32764	106	1772	12	121	1759	1235	4468
1827	60407	742	3010	2069	526	2515	2442	10110
1828	49864	»	4245	2064	78	2443	1817	8688
1829	41224	»	8345	955	81	425	692	6980
1830	53787	»	8285	236	213	460	203	11220
1831	53971	»	10371	»	7400	452	140	13372
1832	43894	»	1172	1092	59	389	»	12565
1833	48763	»	2695	286	195	570	»	16890

En 1830, il a été importé dans les royaumes unis 19,211 quint. de fils, valeur 124,182 liv. st., dont de :

Russie	5,642 quint.
De Prusse	6,402 »
Des autres États d'Allemagne	5,211 »
Des Pays-Bas	58 »

Valeur des marchandises fabriquées dans les manufactures de toile de la Grande-Bretagne.

La production annuelle en tissus-machines-lin est actuellement estimée à plus d'un million et demi de quint.

La valeur totale des marchandises en toile fabriquées dans la Grande-Bretagne et l'Irlande était évaluée, en 1800, à 2 millions liv. st., et actuellement cette valeur pour les trois royaumes est estimée à 8 millions liv. st. Si maintenant on retranche le tiers de cette somme pour la valeur de la matière première, et 25 0 0 pour la surveillance, les intérêts des capitaux, le charbon et la main-d'œuvre, il restera encore 3,334,000 liv. st. En calculant, de plus, que le salaire annuel de chaque ouvrier est, l'un dans l'autre, de 18 liv. st., on trouvera que le nombre des personnes constamment occupées par cette branche d'industrie s'élève à 185,000.

Il ne sera peut-être pas sans intérêt d'avoir sous les yeux le classement des personnes occupées dans les filatures-machines-lin de la ville de Leeds.

AGE.	DE SEXE MASCULIN.			DE SEXE FÉMININ.		
	Nombre.	SALAIRE hebdomadaire.		Nombre.	SALAIRE hebdomadaire.	
		S. S.	Den.		S. S.	Den.
Au-dessus de 11 ans	54	2	10 1/2	45	2	9 1/2
de 11 à 16 ans	416	4	1	634	4	
16 21	134	9	11 1/2	596	5	9 3/4
21 26	70	17	1 3/4	184	6	4 3/4
26 31	74	19	1	57	6	2
31 36	43	19	2 1/2	14	6	2 1/2
36 41	66	18	2	9	6	3
41 46	64	19	5 1/2	6	6	
46 51	37	19	7 1/3	4	6	2
51 56	35	18	3 3/4	1	6	
56 61	22	17	7	2	6	
61 66	8	14	9			
66 71	11	13	6 3/4			
71 76	6	6	16 1/4			
76 81	2	10				

Quantité et valeur des articles en fil exportés des royaumes unis pendant les années 1833 et 1834.

DESTINATIONS.	QUANTITÉS en yards.	VALEURS déclarées en livres sterl.	FILS, RUBANS ET MERCERIE, selon leur valeur.
		livr. sterl.	livr. sterl.
Russie.......................	3,010	272	31
Suède........................	673	37	3
Norwége.....................	16,985	574	385
Danemarck...................	16,746	774	
Prusse.......................	42	4	
Allemagne...................	275,020	14,274	4,209
Hollande.....................	53,932	3,362	1,436
Belgique.....................	97,459	7,300	1,362
France.......................	263,961	21,518	1,336
Portugal.....................	1,908,652	51,411	35
Iles Açores...................	51,387	1,736	7
Madeira......................	60,164	1,552	42
Espagne et îles Baléares...	3,677,179	132,330	478
Iles Canaries................	61,448	1,811	14
Gibraltar.....................	732,695	22,663	114
Italie et îles qui en dép.	366,672	22,525	26
Malte.........................	45,391	2,125	29
Iles ioniennes................	25,252	1,168	47
Turquie......................	42,534	2,135	30
Morée et îles grecques...	3,583	316	
Égypte (partie de la Médit.)	250	36	
Tripoli, Etats Barb., Maroc.	2,660	140	5
Côte occident. d'Afrique.	88,142	3,459	135
Cap de Bonne-Espérance.	242,226	8,046	960
Sainte-Hélène	10,374	453	
Ile Bourbon..................	4,250	220	
Ile Maurice...................	66,769	3,609	115
Dépendances de la comp. des Indes orientales.....	400,690	16,921	317
Chine.........................	1,388	60	
Sumatra et Java............	148,396	6,572	
Iles Philippines.............	2,128	100	
Nouv.-Galles du sud, terre de Van-Diemen et fleuve du Cygne.................	1,026,546	35,525	1,270
Colonies anglaises de l'Amérique du nord.......	1,452,442	61,224	8,358
Indes occidentales.........	10,510,954	329,726	5,269
Haïti.........................	3,461,916	87,278	219
Cuba.........................	2,549,078	74,924	5,246
Etats-Unis de l'Am. du N.	25,810,656	997,682	50,062
Mexique.....................	1,456,317	65,212	148
Guatimala	32,835	1,440	
Colombie....................	1,755,420	33,113	100
Brésil........................	6,976,588	181,777	1,941
Etats de Rio de la Plata...	1,487,576	43,319	1,073
Chili..........................	1,497,411	60,904	
Pérou........................	905,772	34,383	28
Iles Guern., Jersey, Man.	24,736	17,181	525
Total.........	67,834,305	2,557,991	85,355

L'Amérique du Nord paraît aussi marcher à pas de géant dans la carrière des filatures-machines-lin. Ainsi, par exemple, la ville fabricante de Paterson, dans l'état de New-Jersey, possédait déjà, en 1827, 2 manufactures de canevas avec 1644 broches travaillant par an 620,000 livres de lin, filant 430,000 livres de fil de toile, et fabriquant 630,000 aunes d'étoffes en toile ou en coton. Tous ces faits méritent d'être considérés sérieusement, car non-seulement ils compromettent l'existence de nos fileurs à main, mais ils menacent encore d'anéantir dans notre patrie la culture des plantes à filer, ainsi que le commerce de lin, de chanvre, de fil et de toile.

Comme on ne peut défendre l'exportation des fils de toile, il est tout naturel de penser à sauver notre industrie menacée, en introduisant également sur une grande échelle, et d'après les meilleurs modèles, les filatures-machines-lin dans l'Allemagne du sud ; mais aussi, on est tout de suite induit à penser qu'il serait possible que le tort que cette introduction ferait à la masse de bras occupés jusqu'à présent par cette industrie ferait peut-être plus que compenser les avantages que pourraient en retirer les entrepreneurs.

Nous allons d'abord considérer la question.

Est-il de l'intérêt des personnes intéressées à

l'industrie des toiles de voir les filatures-machines-lin introduites dans l'Allemagne méridionale?

Nous répondrions, sans hésiter, oui, s'il ne fallait pas considérer que le filage à la main est le seul moyen d'existence d'une foule d'infirmes et de vieillards, qu'une grande masse de pauvres valides s'adonnent entièrement à cette industrie, afin d'alléger leur sort, et que ce débouché leur sera tout à fait fermé par l'introduction de la filature-machine.

Malgré l'opinion émise par les membres de la Société agricole et industrielle de Wurtemberg, nous dirons que, quoiqu'il soit vrai que l'introduction des filatures-machines-lin se répande moins rapidement chez nous qu'en Angleterre, parce que les frais nécessités pour de semblables établissements sont toujours des obstacles difficiles à vaincre, on peut cependant affirmer que 10 bonnes filatures-machines, avec 4,000 broches fines, sont plus que suffisantes pour les besoins de la consommation intérieure de l'Allemagne du sud. (Il n'est question ici que de fils fins et demi-fins.) Dans le cas où nos propres filatures ne pourraient suffire aux commandes, celles de l'étranger nous enverront toujours avec plaisir leur superflu.

La coutume qu'ont, chez nous, la plupart des familles de cultiver ou d'acheter elles-mêmes le lin nécessaire à leur usage, lin qu'elles font presque toujours filer à domicile, disparaîtra peu à peu à mesure qu'on sera convaincu que les machines sont en état de livrer un fil aussi bon, plus beau et à meilleur compte.

Selon moi, le filage à la main a jusqu'à présent, sur le filage-machine, l'avantage que la matière n'a pas besoin d'être regayée aussi souvent que lorsqu'on la travaille avec les machines, et cela parce que la main de l'homme peut seule débrouiller les filaments et en ôter les nœuds ou les pailles.

Depuis quelques années, les Anglais possèdent, à la vérité, le moyen de filer l'étoupe avec plus de rapidité est d'une qualité plus belle et meilleure qu'il n'est possible de le faire à la main; mais, si le mode qu'ils emploient est encore le secret d'un petit nombre de fileurs, il est impossible que ce secret ne soit pas bientôt divulgué.

Quant à moi, je crois que l'introduction des machines à filer les fils ne deviendra générale que lorsque l'expérience aura appris que ces fils joindront à l'avantage de leur extérieur celui d'être à aussi bon marché et aussi solides que ceux filés à la main.

Le consommateur ne jugera que par la comparaison qu'il fera dans sa consommation, et il est probable qu'il se passera encore bien des années, jusqu'à ce que l'opinion de nos ménagères soit aussi unanime qu'elle l'est actuellement sur les avantages des tissus de coton fabriqués par les machines.

Il ne sera pas inutile d'observer que jusqu'à présent on n'a pu filer un lin très-long par les machines et qu'on est obligé de couper ce dernier lorsqu'il a plus de 18 pouces de long.

Si le lin est long de 20 pouces, on le coupe par le milieu, afin que chaque partie ait 10 pouces.

Dans le filage à la main, au contraire, on considère la longueur des filaments comme une qualité, et cela avec raison; car, par suite de cette longueur, il est moins nécessaire de tourner (*) que pour les fils de coton.

Effectivement, un fil fortement tourné se raccourcit à l'humidité, et surtout après avoir été lavé, et casse facilement au tissage.

D'un autre côté, le fil à la main, surtout le fil à quenouille, n'est souvent pas assez tordu, se détord toujours un peu à l'humidité et se casse facilement.

L'avantage du filage-machine est, sur ce point,

(*) Il est probable que le *rouet* est sous-entendu.

de donner au fil, avec aisance et régularité, le degré de torsion que l'on veut.

L'expérience peut donc seule apprendre quel est, des deux modes de filage, celui qui est en état de livrer le fil le plus solide.

Je dirai, de plus, que je ne comprends pas l'utilité de couper les lins longs; car, comment un filament coupé à angle droit pourra-t-il se joindre facilement aux autres fils?

Nos campagnards agissent d'une manière différente lorsqu'ils sont obligés de couper les lins longs; ils attachent, à hauteur d'homme, à l'échelon d'une échelle, l'extrémité d'une poignée de chanvre brisé, lient l'autre extrémité autour du fer d'une hache ou d'un gros marteau, et tirent jusqu'à ce que le chanvre, cassant par le milieu, reçoive ainsi une longueur de 2 à 2 pieds 1/2. Les filaments, devenus inégaux et subdivisés, se filent alors facilement.

Si, malgré toutes ces objections, le filage-machine surpassait le filage à la main, sous le rapport de la solidité, ce triomphe n'aura lieu qu'avec les années et laissera à nos bonnes fileuses à la main le temps de chercher une autre industrie. Pour ce cas, je recommanderai aux plus incapables de choisir de préférence, 1° le triage de la laine, des crins et des plumes;

2° La confection des babouches de laine, des nattes, et des grandes corbeilles de jonc ou d'osier ;

3° La confection de petits articles en bois, tels qu'allumettes, boîtes ordinaires, etc.

4° Les autres pourront s'occuper, dans leurs moments de loisir, à tresser des corbeilles de paille fine, des jolis paniers d'osier, à fabriquer des sabots, des fûts de selle, des jouets d'enfant, etc., à tricoter, à faire des fuseaux pour la dentelle.

Si les fils-machine atteignent le degré de perfection qui leur donne la supériorité sur les fils à la main, il faut, selon l'avis des fileurs anglais, que le lin soit pesant et ait des filaments soyeux. Que fera-t-on alors de cette grande quantité de chanvre et de lin non soyeux qui croissent dans nos contrées? en fera-t-on de la litière pour le bétail? certainement, non; mais bien des familles pourront occuper par ce filage leurs heures de loisir, et plus d'un invalide y trouvera un moyen d'existence.

Considérons maintenant attentivement l'état actuel de notre filage à la main et du commerce des fils qui en proviennent, et nous acquerrons involontairement la conviction que cet état peut s'améliorer.

Une fileuse habile, qui n'a qu'un petit ménage

à soigner, peut confectionner par jour (en 12 heures) au rouet 3 à 4 écheveaux de Wurtemberg, à la quenouille 2 et tout au plus 3 écheveaux de fil ordinaire et toujours d'autant moins que le fil est plus fin.

La main-d'œuvre de filage, selon le degré de finesse du fil, est :

De 6 à 10 écheveaux à la livre 2 kreutz. par schwell.
  10 à 16   —   —   2 1/2   —
  16 à 20   —   —   3   —
  20 à 24   —   —   3 1/2 à 4   —
  24 à 26   —   —   4   à 4 1/2 —
  26 à 30   —   —   4 1/2 à 5   —
  30 à 36   —   —   5   à 5 1/2 —
  36 à 40   —   —   6   —

Ainsi une fileuse habile gagne l'un dans l'autre, par jour, 8 kr. au rouet et 6 kr. à la quenouille.

Les marchands de fil se gardent bien de faire regayer le lin avant de le remettre entre les mains du fileur, car il perdrait par là au poids. On ne peut donc exiger que le fileur purifie le lin ; car, en le regayant, il fait tomber les pailles et une grande quantité de filaments que le marchand ne reprend ni filés en nature ni comme fil d'étoupe.

Le fileur, étant ainsi obligé de tirer du lin le plus d'écheveaux possible, travaille tous les filaments rudes avec les pailles, aux dépens de la solidité du fil, et c'est pour cela qu'on voit si souvent dans les écheveaux une grande quantité de fils inégaux, et ces écheveaux ne pas contenir la quantité de fils voulue.

Les fils vendus de la main à la main sont aussi sujets à plusieurs tromperies. Pour se procurer de l'argent, on diminue quelquefois la mesure des fils de différentes qualités et filés par différentes fileuses, qui sont réunis dans un seul écheveau et livrés ainsi aux tisserands.

En mettant même de côté les abus rendus fréquents par le manque de bonne foi, on ne s'étonnera pas que les fils ordinaires à la main soient, la plupart du temps, hors d'état de soutenir la comparaison avec les fils-machine. En effet, dans l'Allemagne méridionale, on trouve excessivement peu de fileurs de profession ; la plupart se livrent à cette occupation entre les heures que leur laissent la culture des champs et les soins intérieurs du ménage. Mais l'on sait que, pour filer un fil régulier, il ne faut pas interrompre souvent le travail; c'est pourquoi les fils filés en hiver sont presque toujours meilleurs que ceux filés en été; les doigts, n'étant pas aussi endurcis par le travail, ont conséquemment plus de sensibilité et peuvent tirer plus également le chanvre.

En outre, les rouets que l'on vend dans les foires sont ordinairement très-défectueux. Et peut-on exiger que le tourneur fabrique un bon rouet pour 1 fl. (2 fr. 20 c.), et quelquefois pour 40 kreutzers.

Tous ces inconvénients sont évités par le filage-machine; ce filage ne pouvant avoir lieu que lorsque la matière première est de bonne qualité, les fils ont toujours le nombre voulu, sont tous également tordus; le tisserand n'a pas besoin de les trier, parce que les parties d'égale finesse et de même couleur le sont déjà dans la filature.

La filature-machine doit donc être de la plus grande utilité pour la fabrication des toiles destinées au commerce; car le défaut que l'on reproche à nos toiles de Souabe (l'inégalité du fil) disparaîtra; les tisserands pourront produire un travail plus facile, plus beau, et à meilleur compte; les blanchisseurs épargneront des frais, du temps et de la matière, et la marchandise, blanchie, conservera plus de solidité. En un mot, la filature-machine rendra aux toiles leur bonté et leur beauté, tout en leur conservant ce bon marché par lequel elles se recommandent à toutes les classes de la société. L'industrie des toiles pourra de nouveau entrer en lice avec les tissus de coton et occuper une grande quantité de bras.

La filature-machine influera donc d'une manière favorable sur la population et produira ainsi l'effet opposé à celui qu'on craignait.

Afin, cependant, qu'on ne nous accuse pas de faire comme la laitière et le pot au lait, nous disons que l'introduction du filage mécanique doit marcher de front avec une augmentation dans la production des plantes à filer, et avec une amélioration dans la préparation des filaments.

En effet, les fabricants anglais disent : Les fils allemands sont inégaux de filaments et de couleur; enfin le fil allemand n'a pas la force et la ténacité qui le rendraient propre au filage-machine. Si ce reproche est fondé et qu'on ne puisse corriger ce défaut, il s'ensuit que l'Allemagne ne peut se servir des machines pour le filage de fils également fins, beaux et solides, et devra importer des fils étrangers, et que plus le filage-machine remplacera le filage à la main, et plus la culture du lin et du chanvre disparaîtra de notre pays.

Nous savons, il est vrai, que les filatures-machines d'Irlande, de Silésie, de Bavière et de Bade emploient pour leurs sortes demi-fines le lin et le chanvre qui croissent dans le pays; mais il est également vrai que les filatures-machines d'Angleterre ne tirent jamais la matière première, pour la confection des fils beaux et fins, de l'Allemagne, de l'Ecosse et de l'Irlande ; mais ils la font presque toute venir des Pays-Bas. Nous ajouterons qu'il est généralement reconnu que les filatures-machines-lin anglaises surpassent toutes les autres pour les qualités de leurs produits.

Comme notre but doit être d'atteindre la perfection, nous devons chercher à rivaliser avec les Anglais, en procurant à nos filatures-machines la meilleure matière première indigène.

L'expérience a pourtant appris en Angleterre que, pour fabriquer à la machine et à bon compte un beau et bon fil, il est encore plus nécessaire que pour le filage à la main que le lin soit pesant et possède un haut degré de finesse, de souplesse et de pureté. Malheureusement, nos lins sont loin de réunir toutes les qualités que possèdent les lins belges, et qui s'obtiendront difficilement dans nos climats.

Cependant, avec de la prudence, du courage, des soins et de la persévérance, on peut parvenir à diminuer le mal, et cette amélioration importante mérite toute notre attention.

La Belgique, la Livonie, la Courlande ont l'avantage d'être voisines de la mer, de posséder un terrain humide et de n'avoir que très-rarement de mauvaises récoltes ; aussi le paysan sème-t-il, chaque année, une grande quantité de chanvre et de lin, et cultive-t-il ces plantes avec plaisir.

Si nous considérons la forêt Noire du Wurtemberg et du grand-duché de Bade, la forêt de Welzheim, les contrées de l'Iller, le Schongau, la forêt de Bavière, le Fichtelgebirge (montagnes des Pins), où croît le meilleur lin de nos pays, nous voyons que les terrains élevés sont environnés d'une atmosphère plus sèche qu'humide, que les gelées y durent quelquefois jusqu'au milieu de l'été, et qu'ainsi il est tout naturel que le lin et le chanvre ne germent que lentement, souffrent du froid ou brûlent ; inconvénients qui ont causé les mauvaises récoltes des années 1834, 1835, 1836, et en grande partie celle de l'année dernière.

L'homme ne peut, il est vrai, changer complétement la nature du sol et celle du climat ; mais, en choisissant, pour la culture du lin et du chanvre, de préférence un champ situé au nord-ouest, à l'ouest ou au sud-ouest, en ayant attention que ce champ soit modérément exposé au soleil, en le protégeant par des haies ou des broussailles, on parviendra à lui conserver beaucoup d'humidité et à remplacer par des engrais liquides celle qui s'évapore.

Il ne faut certainement pas croire que les champs de Belgique aient eu, dans l'origine, la fertilité qui les distingue.

Bien au contraire, le sol des meilleures contrées ou croît le lin, tel que celui de la Flandre orientale, des environs de Gand, de Lakeren, de Saint-Nicolas, d'Alost, etc., consiste principalement en sable; on y trouve, tour à tour, une couche d'argile sous une couche de sable, jusqu'à ce qu'on rencontre, à une grande profondeur, la masse granitique.

Les couches supérieures du sol contiennent une infinité de coquillages, ce qui tend à faire croire que les pays étaient autrefois recouverts d'eau une grande partie de l'année, jusqu'à ce qu'on se soit prémuni contre cet élément par la construction de digues, d'écluses, etc.

Certes, cette contrée, que nous voyons régulièrement étaler à nos yeux la plus grande variété de productions, devait alors offrir un aspect bien triste.

Quelles sont donc les causes d'un changement aussi extraordinaire ?

Plusieurs contrées de la terre qui, il y a mille

ans, étaient incultes et stériles, le sont encore actuellement, quoiqu'elles soient favorisées par le voisinage de la mer et celui de grandes rivières; c'est-à-dire, quoique leur position leur offre les moyens les plus avantageux pour communiquer avec les autres pays. La Flandre possède donc, outre tous ces avantages, une autre cause de prospérité, et cette cause est assez importante pour que nous la recherchions.

La moitié de l'Europe était encore plongée dans les ténèbres de l'ignorance et de la barbarie, que le Belge, profitant des avantages de sa situation, devint le négociant des rudes habitants du Nord, même de l'Allemagne et de la France, et s'érigea un facteur général du commerce avec ces pays.

Il est vrai que les besoins d'alors se réduisaient aux étoffes de toile et aux draps de laine; mais ces deux articles ont précisément l'avantage de s'accorder avec les occupations de l'agriculteur et celles de sa famille.

On sait que la perspective d'un gain certain éveille l'activité.

Le paysan s'accoutuma à une activité non interrompue, et, comme sa première destination resta toujours l'agriculture, il s'y adonna avec une attention toujours croissante, et n'accorda au tissage et au filage du lin et de la laine que les instants qu'il pouvait dérober à son occupation la plus importante.

A mesure que de grandes maisons acquirent de l'aisance ou de grandes richesses, l'envie vint à plusieurs de ne plus rester journaliers, mais de travailler pour leur compte.

La propriété se divisa alors de plus en plus, non en petites portions isolées, mais en petits biens tout arrondis et clos, et l'on vit bientôt les petits fermiers et propriétaires employer à l'amélioration de leurs terres les épargnes faites par le filage et le tissage. Qu'en résulta-t-il ?

Les avances que l'on fit peu à peu à la terre grossirent avec le temps, et la fertilité du sol se chargea de payer les intérêts.

C'est ainsi que nous pouvons prouver que les manufactures et l'industrie de la Belgique ont provoqué la culture des champs, culture qui fait la gloire et la richesse de ce pays.

Nous pouvons donc établir en principe que l'agriculture sera d'autant plus florissante chez un peuple qu'il favorisera l'industrie, offrant à l'habitant des campagnes une occupation qui s'allie avec la bêche et la charrue.

Et n'avons-nous pas, sous ce rapport, les mêmes avantages que les Belges ?

A la vérité, notre commerce n'est point favorisé par le voisinage de la mer ; mais le Rhin, le Danube, et leurs affluents, ainsi que le réseau de nos magnifiques grandes routes, peuvent, à juste titre, exciter notre orgueil, et nous pouvons jeter un regard plein d'espérance sur les canaux et les chemins de fer qu'on a projetés.

La Belgique et la Hollande demandent comme une faveur d'être admises dans le sein de notre grand système de douanes; et, dans la période des quinze années qui viennent de s'écouler, le commerce, l'industrie et l'agriculture n'ont-ils pas fait chez nous des progrès sensibles?

Nous voyons par là que l'emploi de la charrue et le travail constant d'un sol sont regardés comme le meilleur moyen d'augmenter sa fertilité. La semence des plantes à toile ne doit pas être enfoncée profondément dans la terre ; elle demande un sol mou et uni, que l'on puisse entretenir par le fréquent usage de la charrue, de la herse et du rouleau. C'est ce qui fait que les paysans des environs de Lille ont coutume de dire : Celui qui veut semer du lin doit fatiguer la herse.

Aussi le champ flamand ressemble-t-il à un jardin, et les mauvaises herbes, surtout dans les champs ensemencés de lin, ont dans l'homme un ennemi tellement acharné, qu'il est rare d'en rencontrer.

L'agriculteur belge ne se contente pas de l'engrais que lui fournissent ses étables, il achète encore dans les villes tout celui qu'il peut se procurer, et le met de côté jusqu'à ce qu'il croie devoir s'en servir.

Il fait venir du fumier de Hollande, emploie les gâteaux d'huile, la chaux, la cendre, le plâtre, selon la qualité du terrain qu'il veut engraisser.

On trouve en Belgique des marchands qui trafiquent exclusivement avec les excréments humains, et l'on peut voir sur les canaux des bateaux entiers tellement surchargés de cette matière si favorable à la culture du lin, qu'à peine s'il reste assez de place aux deux hommes chargés de diriger le bateau.

Personne ne s'entend mieux que le Belge à tirer profit de la force productive de la terre. Enfin tout le système agricole de Belgique est organisé avec tant d'art et de soin, que la culture du lin, qui entre aussi dans ce système, doit nécessairement prospérer.

Et pourquoi la culture de nos lins, sagement combinée avec les autres productions de notre sol, ne réussirait-elle pas pareillement ?

En comparant l'état de l'agriculture belge avec celui de l'Allemagne méridionale, nous acquerrons la conviction que notre sol n'est pas inférieur au sol belge, que nos agriculteurs sont aussi laborieux, mais que malheureusement ils n'ont aucune idée juste de la manière dont il faut faire alterner les semailles; enfin qu'il est rare qu'ils s'entendent à employer à propos les engrais, etc.

On sait que les champs roulés produisent plus promptement et ne sèchent pas aussi vite que ceux non roulés: pourquoi alors voyons-nous dans l'Allemagne du nord le rouleau n'être presque nulle part mis en usage?

Dans la haute Souabe, jusqu'à Kaufbeuren, on voit le lin revenir, pendant trois ou quatre années consécutives, sur le même champ, et pourtant l'expérience devrait apprendre que le lin se fait lui-même et qu'on ne doit en renouveler la semaille qu'après plusieurs années.

Le paysan croit, en outre, devoir laisser croître les racines jusqu'à leur parfaite maturité; de là vient que le lin est presque toujours grossier et trop léger.

Et lors même que, depuis la semaille jusqu'à la récolte du lin, on ferait tout ce qu'il est nécessaire pour obtenir une plante parfaite, combien de choses ne trouverons-nous pas à redire dans la manière dont le lin est roui, séché, échauvré, sérancé, etc. ?

Considérons d'abord le rouissage du lin, opération dont dépendent principalement la bonté, la beauté et la quantité des filaments.

L'usage, presque généralement adopté dans l'Allemagne du sud, de rouir le lin à la rosée n'est à peine connu que de nous en Belgique. Aussitôt que la plante a été arrachée, le paysan belge la dispose en tas réguliers ; elle est ensuite placée dans de l'eau stagnante ou très-peu courante, et après un séjour de quatre à huit jours, pendant lequel les filaments se détachent de la tige, elle est étendue sur un gazon sec, où on la blanchit en la retournant fréquemment.

De cette manière, l'écorce intérieure conserve sa finesse et sa pesanteur naturelles, et reçoit, selon la qualité de l'eau, une teinte égale gris-argent ou blonde.

Chez nous, on croit, au contraire, que le lin demande, après avoir été arraché, d'être étendu sur la terre ; ce qui fait que l'humidité ou la pluie le salit presque toujours.

Le rouissage à la rosée, qui dure quatre ou huit semaines, expose le lin à pourrir à la pluie. En outre, ce rouissage livre des filaments, à la vérité plus simples, mais beaucoup moins solides que le rouissage à l'eau, qui coûte plus de peine, mais se termine plus promptement et dépend moins du hasard.

Nous conseillons donc d'introduire ce dernier mode de rouissage dans toute l'Allemagne du sud, et nous citerons à l'appui de notre opinion les résultats favorables des essais tentés en 1829, 1830, 1831 par l'ordre du gouvernement de Wurtemberg. Ces essais ont prouvé que, lorsque le bon lin de Souabe est traité convenablement, il est aussi propre au filage-machine que le meilleur lin de Flandre ou de Brabant.

Cependant l'introduction des méthodes étrangères pour la culture et la préparation des lins a trouvé peu d'imitation dans le Wurtemberg, soit que le paysan ne soit pas disposé à employer son temps et son argent à des innovations, quand il n'en voit pas sous ses yeux les avantages, soit que, par suite de la différence du climat, de celle du sol et des outils, ou par l'imperfection des instruments, les essais n'aient pas réussi.

Aussi serait-il nécessaire d'établir des primes, de livrer à bon compte des semences étrangères à l'agriculteur et surtout aux grands propriétaires, qui sont ceux qui possèdent ordinairement le plus de zèle, et sont à même, dans le cas de réussite, de donner de suite une grande extension aux améliorations.

Il est également nécessaire, pour favoriser l'introduction des machines, de donner une plus grande extension à la culture des lins ; car, tant que les paysans peu aisés seront les seuls qui s'adonneront à cette culture, ils n'apporteront au marché que le lin et le chanvre qui leur sont restés sur leur provision de ménage ; les parties qu'on achètera étant toujours petites et de qualités, de souplesse, de longueur et de couleur différentes, empêcheront les filatures-machines de livrer un fil égal.

Il serait, il est vrai, très-pénible pour les grands propriétaires, si l'on voulait exiger d'eux qu'ils fissent eux-mêmes toutes les opérations par lesquelles le lin doit passer avant d'être livré aux filatures ; et, pour les délivrer de ce soin, il n'y a pas d'autre moyen que de laisser ce soin aux filatures elles-mêmes ou à des personnes intermédiaires dont les fonctions seraient analogues à celles des liniers exploitant et des liniers locataires belges.

Dans la Flandre, un grand nombre de propriétaires, mus par la crainte de voir faillir leurs récoltes, ne sèment pas leur champ pour leur propre compte, mais le louent aux liniers locataires, qui ne sont que les intermédiaires des liniers exploitants.

Les liniers locataires forment une classe de gens aisés, élevés dans les contrées où l'on cultive le lin et possédant toutes les connaissances pratiques de leur état.

Quelques mois avant les semailles, ces liniers parcourent les cantons favorables à la culture du lin, prennent à bail généralement 25 arpents presque toujours disséminés, remettent au propriétaire le prix du bail et les semences, et lui payent, en outre, sa peine pour ensemencer le champ.

Au moment où le lin est mûr, le linier locataire le vend sur place au linier exploitant, en lui donnant ordinairement le mois pour le payement.

Alors le linier exploitant fait arracher la graine dès que les tiges commencent à jaunir. Cette graine, distribuée en petits tas, est séchée et transportée dans sa demeure.

Les tiges sont ensuite liées en petits faisceaux, transportées quelquefois à huit lieues de là, pour les rouir dans une eau convenable, séchées de nouveau en petits tas, étendues huit à quinze jours sur une prairie, enfin retournées lorsque le temps est humide, puis brisées au marteau et proprement échanvrées.

Dans cet état, le lin est vendu au commissionnaire (qui est souvent linier exploitant ou locataire); celui-ci le revend au filateur ou au détaillant, qui lui paye 3 pour 0/0 de profit, y compris les frais d'expédition et d'emballage.

Quant à la culture et à la préparation du chanvre, elles méritent également d'autant plus d'attention, que le cercle bavarois du Rhin, le grand-duché de Bade, les environs de Kehl et de Bretten, fournissent déjà une excellente quantité de chanvre qui serait encore susceptible d'amélioration, mais qui, la plupart du temps, est expédié non filé hors du pays.

—

Nous allons maintenant exposer les raisons alléguées pour et contre l'introduction des filatures-machines-lin.

POUR.

1. Le grain que l'on retire du filage à la main est excessivement minime.

La plupart de ceux qui s'occupent à présent de cette espèce de filage pourront toujours continuer à filer le lin impropre au filage-machine.

Il en sera de même pour le filage des fils grossiers pour emballage, pour mèches, etc., ainsi que pour les fils qui doivent être tournés plus lâches que serrés.

Dans tous les cas, le filage à la main ne pourra cesser que petit à petit, ce qui laissera toujours le temps à ceux qui s'y adonnent de trouver une autre occupation.

2. Les fils-machine ne pouvant être fabriqués qu'avec une bonne matière doivent être solides. De plus, le fil-machine, étant plus fortement tourné que le fil à la main, contient, à égalité de diamètre, plus de filaments que le fil à la main.

3. Le fil-machine est également tourné, il contient le nombre voulu de petits fils, il est assorti selon sa couleur et son degré de finesse, qualités que ne possèdent souvent pas nos fils à la main, et dont le manque mine de plus en plus notre commerce de toile.

CONTRE.

1. Le filage à la main offre des moyens d'existence à une foule d'hommes âgés et infirmes, et une immense quantité de pauvres valides adoucissent leur sort en remplissant leurs heures de loisir par cette occupation.

2. On n'est pas encore bien convaincu que le fil-machine soit aussi durable que le fil à la main, et le premier, étant fortement tourné, n'est pas propre à toutes les espèces de tissus.

3. Pour soutenir avec avantage la concurrence avec l'étranger, et surtout avec les Anglais, on

ne pourra employer dans le filage-machine que des fils étrangers, et, conséquemment, plus l'introduction des filatures-machines deviendra générale, et plus la culture du lin tombera en désuétude dans notre patrie.

Les filatures-machines, obligées de ne subsister que par les produits étrangers, reposent sur une base chancelante, ou tombent dans le domaine des spéculations, qui ne profitent qu'aux entrepreneurs, au détriment d'un grand nombre.

—

En repassant maintenant toutes ces raisons les unes après les autres, nous en tirons la conclusion :

Qu'aucun état ne peut empêcher l'introduction des filatures-machines et ne se croira le droit de porter atteinte à la liberté industrielle. Effectivement, en prohibant l'établissement des machines, on fournirait un débouché aux fils et toiles étrangers.

Nous croyons donc qu'il est de l'intérêt du gouvernement de protéger énergiquement l'introduction des machines à filer le lin, mais qu'il doit en même temps faire tous ses efforts pour favoriser et perfectionner la culture des plantes à filer ainsi que leur préparation.

Il sera plus difficile de résoudre la seconde question, qui consiste à savoir si les entrepreneurs de filatures-machines-lin trouveront leur compte à l'érection de semblables filatures dans l'Allemagne méridionale.

Il est vrai qu'il n'y a pas à douter que les produits de ces filatures ne trouvent un débouché rapide et avantageux. Le triste état dans lequel se trouve notre filage à la main, et le commerce de ses fils joint à l'importation des produits anglais, nous sont un sûr garant des avantages de cette introduction.

En outre, notre richesse en matériaux de construction, la quantité et la qualité de ces mêmes matériaux, les forces hydrauliques dont nous pouvons disposer, seront très-favorables à cette introduction.

D'un autre côté, l'architecture de fabrique est une science nouvelle et qui, à l'exception des contrées fabriquantes, est généralement peu comprise. En Angleterre, par exemple, l'entrepreneur a seulement besoin de donner à l'ingénieur Fairbairn ou Lillie la grandeur et l'espèce de manufacture qu'il veut établir, lui indiquer le lieu où elle doit être bâtie ainsi que les avantages de sa position, relativement à l'eau et au charbon; l'architecte lui présente aussitôt ses plans avec un devis modéré, et l'entrepreneur voit s'élever un bâtiment d'un extérieur agréable, commode et durable, pour le but qu'il se propose. Le même architecte ne se chargera pas seulement de la maçonnerie et des autres travaux qui se rattachent à la construction du bâtiment, mais il établira une machine à vapeur ou une roue à eau pour mettre en mouvement toute espèce de machine, dans l'intérieur de la fabrique.

Nos propriétaires de filatures auront, d'un autre côté, l'avantage immense d'avoir la main d'œuvre à beaucoup meilleur marché que les Anglais. Mais, en Angleterre même, on regarde comme une grande difficulté d'avoir des fileurs habiles dans les fabriques. Les ouvriers y sont exercés dès leur plus tendre enfance (depuis 8 à 10 ans), ils font en quelque sorte leur apprentissage, et le connaisseur verra de suite, aux marchandises, le plus ou moins d'habileté des ouvriers de la filature. Si un fabricant anglais a le malheur de voir ses ouvriers se soulever en masse et abandonner sa filature (et ceci arrive fréquemment), il a besoin de deux ou trois ans pour mettre au fait ses nouveaux ouvriers, et il n'est pas rare qu'il ne se ruine alors complétement.

Que d'obstacles n'aurons-nous pas à vaincre chez nous, où l'industrie des filatures est encore si peu répandue, et où on n'a encore jamais entendu dire qu'il soit lucratif et qu'on puisse filer de bons et beaux fils au moyen des machines. Et à quoi serviront les meilleures machines, si l'on ne possède en même temps de bons et habiles ouvriers?

Du reste, pour ce qui est relatif à la construction des machines elles-mêmes, nous sommes en arrière de la Suisse, de l'Alsace, des provinces rhénanes-prussiennes, de la Belgique et surtout de l'Angleterre, pays où la construction et la réparation des machines sont réduites à leur plus grande simplicité.

Pendant que nous terminons cette brochure, le Wurtemberg, excité par les encouragements de son digne souverain, soutenu par les connaissances approfondies des ministres de l'intérieur et des finances, vient de fonder un établissement modèle pour le filage mécanique des fils.

Le roi a résolu non-seulement d'encourager dans ses États l'introduction des machines anglaises, d'après les perfectionnements les plus récents; mais les entrepreneurs ont dû s'engager à les faire monter et mettre en activité par un mécanicien anglais dont le talent ait déjà été constaté dans plusieurs filatures anglaises. Ces mêmes entrepreneurs doivent s'engager à permettre à des personnes désignées par le gouvernement d'étudier les machines et leurs modes de fonctionnement.

Mais, comme il était à craindre que les volontés du roi s'exécutassent avec trop de lenteur, les ministres ont profité de la présence d'un membre de l'honorable maison Escher, Wyss et compagnie, de Zurich, pour entamer des négociations relatives à l'érection d'une filature-machine-lin. Déjà les terrains ont été achetés près de la ville d'Urach, et bientôt on verra en pleine activité un établissement qui, autant à cause de la réputation de la maison que nous venons de citer, que par ses relations avec l'Angleterre et la célébrité de ses ateliers de machinerie, ne laissera plus aucun doute sur sa future prospérité.

Des journaux français du 12 mai 1838 écrivent : « Une députation nombreuse, composée de cultivateurs de lin et de chanvre, de fileurs et de tisserands, venus des divers points de la France, ont eu l'honneur d'être reçus par le roi et de lui remettre une pétition, dans le but de provoquer des mesures contre l'importation des fils et des toiles d'Angleterre. Sa Majesté, après les avoir reçus avec la plus grande bienveillance, leur donna l'assurance que la pétition serait l'objet de l'examen le plus scrupuleux de la part du gouvernement. »

Plusieurs personnes croient, d'après cet article, que l'importation des produits en fils anglais sera tout à fait prohibée, ou au moins fort restreinte; elles vantent cette mesure comme digne d'imitation. Mais, en admettant que le système de douane de l'Allemagne méridionale permette une mesure semblable, nous doutons qu'elle soit de quelque utilité pour le bien général. Dans tous les cas, nous dirons qu'elle est inadmissible au moment actuel; il n'y a encore qu'un très-petit nombre de filatures-machines-lin d'établies sur le continent.

En supposant que la France fabrique des produits en toile en assez grande quantité, non-seulement pour suffire à sa consommation intérieure, mais même pour exporter à l'étranger, son gouvernement a exprimé le désir de voir les prix de ces articles s'élever en faveur des fabricants et des agriculteurs, ou du moins de les soutenir à une certaine hauteur.

Dans ce but, on défend en France l'importation des toiles et des fils fabriqués en Angleterre.

A titre de représailles, l'Angleterre prohibe l'importation des vins français.

D'où il s'ensuit que les marchands de vin se plaignent de la décadence de leur profession.

Pour les satisfaire, on défend en France l'importation des vins d'Espagne.

A titre de représailles, l'Espagne prohibe l'importation des soieries françaises.

Les commerçants de soieries se plaignent en France de la décadence de leur commerce.

Alors on défend en France l'importation des soieries d'Italie, et l'Italie prohibe à son tour l'importation des toiles françaises.

Qu'a-t-on obtenu par toutes ces prohibitions ?

Réponse : Les provisions et la production des besoins de première nécessité et autres a sensiblement diminué !!!

FIN.

EXTRAIT
DU JOURNAL D'ANNONCES
DU COMTÉ
DE RAVENSBERG-BIELFELD.

Les principales qualités que doit posséder une fosse à lin sont les suivantes :

1. Le fond de la fosse ne doit être ni argileux ni ferrugineux; les côtés seront en maçonnerie ou environnés d'un mur de bois.

2. Chaque fois qu'on en aura fait usage, la fosse sera nettoyée, en laissant écouler l'eau et en en remettant de nouvelle.

3. Elle sera préservée de tout débordement, afin que la fermentation ne soit pas troublée.

4. Elle ne doit pas être trop profonde, parce que la fermentation la plus salutaire et la plus parfaite a lieu seulement à la surface d'une eau échauffée par le soleil.

Il vaut moins avoir une petite quantité de fosses à lin que peu de grandes; car, tant que le lin qu'on y a mis n'a pas fini de fermenter, on ne doit mettre aucun corps étranger dans la fosse, parce que ce dernier compromettrait la fermentation.

L'eau très-douce et très-molle est préférable à l'eau dure et très-fraîche.

L'eau qui a coulé à travers les champs ou les fermes est celle qui est la plus propre à la fermentation lors même qu'elle aurait entraîné un peu de boue.

Quoique l'intérêt particulier des cultivateurs de lin exige l'établissement de bonnes fosses à lin, puisque du lin mal roui ne trouve plus d'acheteurs, nous faisons connaître à tous les propriétaires que nous avons l'ordre de rembourser le quart des frais à tous les propriétaires qui feront maçonner leurs fosses, et d'accorder des primes proportionnées à ceux qui établiront des fosses en plus grand nombre que ne l'exigeront leurs besoins particuliers.

Bielfeld, le 26 mars 1838.

Commission de l'administration des fonds accordés par le roi pour l'encouragement de la fabrication des toiles et du commerce lineux dans le comté de Ravensberg.

Rue, Deluis, Laer, C. Johanning, F. Bensick, Niemann, Tegeler, Jankermann.

TABLE DES MATIÈRES.

Préparation du lin, par M. *Reden*. 1
Blanchissage sur le gazon. 11
L'eau. 12
Bois et potasse. 13
Chaux. 19
Savon. 20
Ateliers et accessoires. 21
Durée du blanchissage. 25
Travaux préparatoires. id.
La fermentation. 27
Le foulage. 29
Le coulage. 30
Extension de la toile sur la place du blanchissage. 31
L'amidon. 36
Le smalt (*bleu de cobalt*). 37
Bleu-indigo. id.
Suif et cire. 39
Le calandrage. 40
Blanchissage des fils (*de lin ou de chanvre*). 43
Mode de blanchissage dans la forêt de Bavière, non loin de Kotzing. 44
Blanchissage du fil en Bohême. 45
Manière d'utiliser le résidu qui a servi au coulage. 48
Tableau comparatif des mesures par *Breunlein*. 52
Importation en matière première. 57

Importation des articles en toile dans les royaumes unis, abstraction faite de l'exportation de ces mêmes articles. 58

Classement des personnes occupées dans les filatures-machines-lin de la ville de Leeds. 60

Quantité et valeur des articles en fil exportés des royaumes unis pendant les années 1833 et 1834. 61

Des filatures-machines-lin, pour 84
— Contre. 85

Conclusion. 86

Ordonnance du roi de **Wurtemberg**. 90

Extrait des journaux français du 12 mai 1838. 92

Extrait du journal d'annonces du comté de Ravensberg-Bielfeld. 94

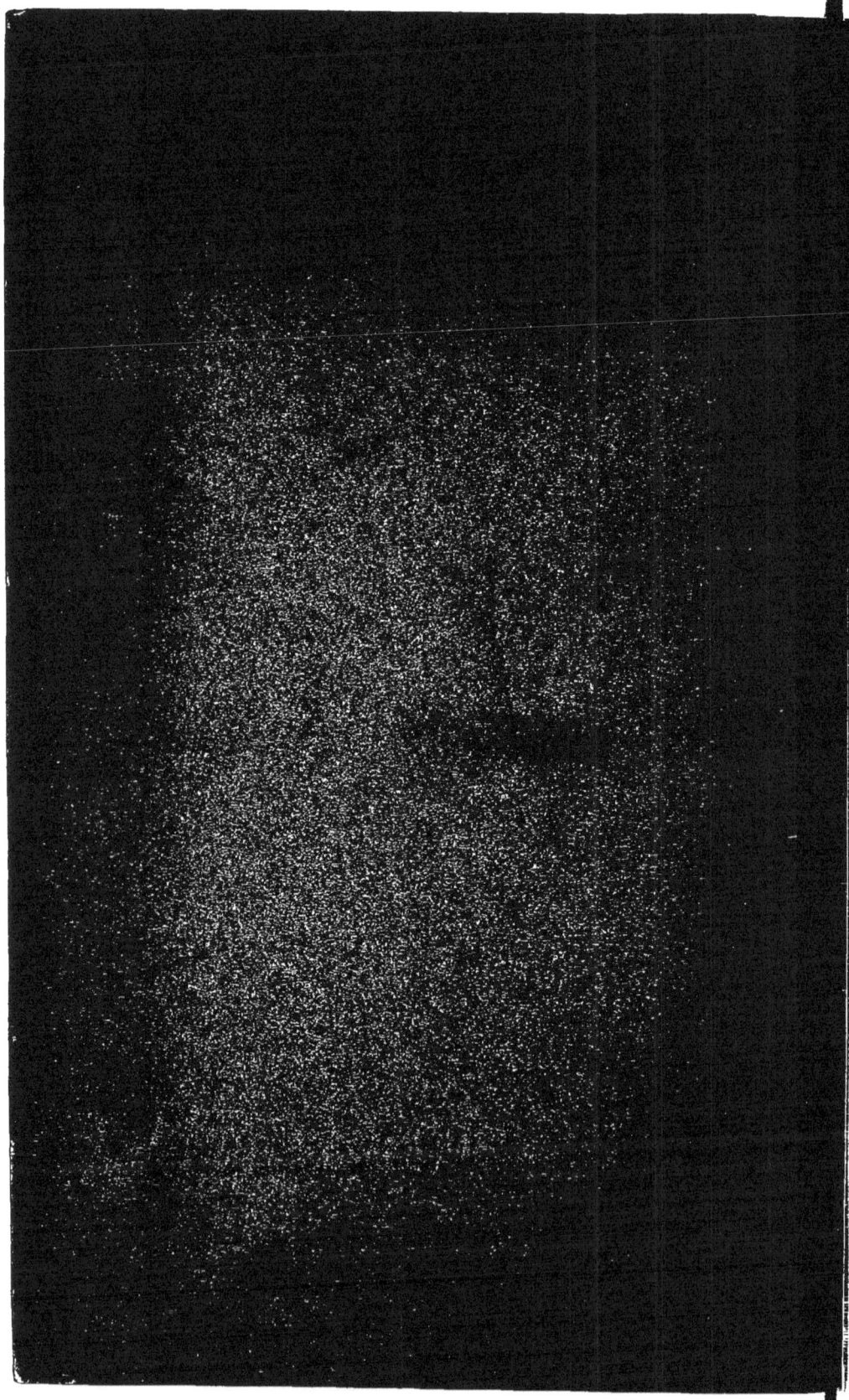

www.ingramcontent.com/pod-product-compliance
Lightning Source LLC
Chambersburg PA
CBHW070244100426
42743CB00011B/2128